폭력

폭력

暴力

Violence

우에노 나리토시 지음
정기문 옮김

산지니

한국어판 서문

헤겔의 표현을 빌린다면, 사람은 모두 '시대의 아들'로 태어난다. 아무리 위대한 사상가라 할지라도 동시대의 사고틀에 규정되지 않는 자는 없다. 반대로 말하자면, 과거의 위대한 사상가들은 예외 없이 자신의 시대와 격투하면서 사고를 단련하여 완성시켜갔다. 나 또한 '시대의 아들'임에 틀림없다. 그러나 위대한 사상가와 어깨를 나란히 하는 일을 바랄 수도 없는 나 자신은, 이 책의 「나오며」에서도 썼듯이 오히려 시대에서 한 걸음 떨어진 '후위의 위치'를 선택하려고 했다. 그러한 의미에서 이 책은 시대에 뒤처진 책이라고 해야 할지도 모른다.

물론 과거는 그리 간단히 지나가지 않는다. 시대가 이미 새로운 국면에 접어들었다 해도 지나간 시대의 원리와 틀이 여전히 뿌리 깊게 남아 있는 것은 드문 현상이 아니다. 그렇기는커녕 현실의 시대가 백에서 흑으로, 디지털식으로 이행해가는 것이 아닌 이상, 오히려 우리들은 지나가려고 하지 않는 과거와 항상 마주하지 않을 수 없다. 달력상으로 20세기는 이미 지나갔지만, '폭력의 세기'의 어두운 현실 한가운데서 길어 올린 사고는 여전히 우리에게 많은 시사점을 줄 것이고, 그 가능성은 이어질 것이다. 이렇게 나는 한 발짝 뒤늦음을 자각하면서도, 어떻게든 시대를 좇으려고 내 나름의 시도를 했던 것이다. 이것 또한 시대를 마주하는 하나의 방법일 수 있다고 믿는다.

이번에 정기문 씨의 노력에 힘입어 이 책을 한국어판으로 출간하게 되었다. 초판 간행으로부터 8년의 세월이 흐른 지금에야 이 책이 시공간을 뛰어넘어 새로운 독자를 만날 기회가 주어졌다. 이는 집필 당시에는 생각지도 못한 일이었다. 무엇보다도 먼저 이 책을 주목하고 높이 평가해준 정기문 씨에게 감사의 뜻을 표하고 싶다. 이 책의 독일어 인용 등을 포함하여 일본어 텍스트를 한국어로 번역하는 데 소요된 에너지는 이만저만이 아니었으리라 생각한다. 한국어판 간행을 위해 정기문 씨가 투여한 모든 노력에 진심으로 감사의 말을 전한다.

2014년 2월

우에노 나리토시

들어가며

야누스로서의 폭력

"20세기는 폭력의 세기이다"—정치철학자 한나 아렌트가 이렇게 갈파했던 것은 중동과 베트남을 비롯한 세계 각지에서 전쟁이 점차 발발함과 동시에, 실력행사도 불사하는 급진적인 학생운동이 세계적으로 확대되기 시작하던 1968년 무렵의 일이었다. 두 차례의 세계대전에서 휘둘러진 폭력의 기억이 여전히 생생하게 남은 시대상황 속에서, 아렌트는 폭력이 확실히 상태화(常態化)되어 있는 20세기 정치 조건을 탐색하려 했던 것이다. 그렇지만 이것은 전쟁과 혁명이 전에 없던 규모로까지 확대되어, 폭력이 정치의 표면에 등장하게 되었다는 단순한 현상 차원에 그치는 말은 결코 아니다. 이제껏 폭력을 통제하는 것이 정치의 역할이었다면, 이제 폭력은 마치 인간의 손을 떠나 스스로 날뛰고 있는 것 같은 양상을 보이고 있다. 아렌트는 이를 종래의 정치관을 근저에서부터 뒤엎은 사태로 심각하게 받아들였다. 요컨대 정치라는 인간 고유의 영위가 폭력에 의해 파괴되어버렸다는 것, 이것이야말로 폭력의 세기라는 아렌트의 시대진단이었다.

그러나 애당초 폭력은 인간에 의해 통제 가능한 것일까. 『일본국어대사전』에서는 '폭력'의 의미를 다음과 같이 정의한다. ① 난폭한 힘. 무법적인 힘. 부당한 완력. ② 불법 또는 부당한 방법으로 물리적인 강제력을 행하는 것. 또는 그 힘. 첫 번째 의미에는 무법·부당이라는 형용사가 사용되고 있지만, 폭력에는 상태를 뒤집는 **법외적인** 힘의 발로라는 계기가 항상 따라다니고 있다. 게다가 여기에서 힘의 벡터는 특별히 한정되지 않는다. 바꿔 말하면, 어느 방향으로 향해 나갈지 모른다는 의미에서, 인간의 의지대로는 되지 않는 뭔가 심상치 않은 법외적인 힘의 발현이라는 함의를 지닌다. 그에 반해 두 번째 의미의 경우, 힘의 벡터는 확실히 한정되어 있다. 여기에 기술되어 있는 것은, 어떤 주체가 다른 주체에게 자신의 의지를 밀어붙여, 말하는 것을 억지로 받아들이게 하는 강제력의 행사를 의미하기 때문이다.

이와 같이 한마디로 '폭력'이라고 말해도 한 가지 의미로만 사용되는 것은 아니다. 우리들이 두 가지 의미를 무의식적으로 구분해 사용하고, 경우에 따라서는 중첩해서 이 말을 사용하고 있다고 해도 좋을 것이다. 그러나 이것은 일본어 고유의 애매함으로만 환원되지는 않는다. 폭력이라는 말이 메이지시기에 등장한 번역어인 이상, 당연한 말이지만 비슷한 의미의 차이는 구미어(歐美語)에서도 존재한다. 쉽게 말해 영어 · 프랑스어 violence와 독일어 Gewalt의 차이일 것이다. 독일어 게발트는 원래 고대 독일어에서 '권한 · 권능 · 자격'을 의미하는 말이었다. 게다가 '관리 · 통괄하다'를 의미하는 walten이라는 동사를 말의 성분으로 포함하고 있다. 다시 말해 어떤 권한을 갖는 주체가 다른 주체를 지배 · 통제한다는 것이 게발트의 본래 의미이고, 이러한 정통의 강제력이라는 뜻은 오히려 일본어에서 말하는 '권력'에 가깝다고 할 수 있다. 이에 반해 바이오런스에는 이러한 함의가 없다. 바이오런스는 원래 라틴어로 '강한 힘'을 의미하는 vis에서 유래한 말로, 기본적으로 어떤 강렬한 힘이 인간의 통제를 넘어 솟구친다는 것을 뜻한다.

결국 폭력이라는 말이 지닌 이러한 이중의 양상은 폭력이라는 주제를 고찰하고자 할 때 불가결한 논점이 될 것이다. 한편 통제 불가능한 힘으로서의 바이오런스는, 일상에서는 표면화되어 나타나지 않지만 존재의 깊은 곳에 은밀히 뿌리내리고 있다. 때로는 이것이 의외의 모습으로 분출해 일상생활의 질서에 균열을 내는 것이다. 다른 한편, 우리의 일상생활이 실은 게발트에 의해 통제되고 있다고도 말할 수 있다. 가장 분명한 예로, 일정 영역 내의 주민을 국가가 관리·통괄하고 있는 것을 들 수 있다. 이를 우리는 일상에서 특별히 강제라고 느끼지 않을지도 모르지만, 주민이 전쟁에 강제적으로 동원되는 것과 같은 비상사태를 생각해보면, 틀림없이 국가의 게발트(권력)가 일상생활을 관할하고 있다는 것을 알 수 있다. 이렇게 언뜻 보기에는 폭력과 무관하다고 생각하는 평온한 일상생활의 근저에 항상 바이오런스나 게발트가 가로놓여 있는 것이다.

그렇다면 우리들은 왜 바이오런스와 게발트라는 구별된 두 가지 힘을 똑같이 '폭력'이라는 말로 지칭하는 것일까. 게다가 한편으로 **주체의 의지대로 되지 않는 힘**, 다른 한편으로 **주체를 의지대로 지배하는 힘**이라고 하면, 두 가지 힘은 대체로 맞물리지 않고 오히려 서로 모순되는 성격을 지니고 있는 것처럼 보인다. 그럼에도 불구하고 우리는 양자를 결국 거역하기 어려운 힘이라는 의미로 일괄하고 있다. 이것은 일본어만의 문제가 아니다. 독일어의 게발트에도 바이오런스에 가까운 의미가 포함되어 있기 때문이다. 여기서 부상하는 것은 언뜻 보면 어긋나는 이 두 가지 폭력이 실은 근저에서 통하고 있고 서로 분리되기 어렵게 연결되어 있는 것은 아닌가 하는 것이다.

통제불가능한 힘으로서의 바이오런스와 지배하고 통제하는 힘으로서의 게발트는 모두 폭력을 구성하는 불가결한 요소이며, 폭력은 로마신화에 나오는 야누스와 같이 두 가지 얼굴을 가지고 있는 것이다.

실제 야누스의 이름만큼 폭력에 걸맞은 칭호도 없을 것이다. 로마의 고대 신 야누스는 문의 수호신이며 앞뒤로 향한 두 개의 얼굴로 문을 지킨다고 한다. 문은 평화시에는 닫혀 있지만 전시가 되면 열린다. 외부로부터 적이 침입하면 야누스는 문을 열고 뜨거운 물을 내뿜어 이들을 물리친다. 요컨대 이러한 것이다. 일상적인 질서가 유지되고 있는 한, 통제불가능한 에너지는 닫힌 문의 내부에서 가만히 꿈틀거리고 있다. 하지만 일단 비상사태가 되면 이 힘은 풀려나와 문 밖으로 분출되어 일상의 시공간을 절단하고 교란시킨다. 그리고 다시 문이 닫히면 일상의 평온한 질서가 찾아온다. 그 질서는 단지 야누스가 항상 눈을 번득임으로써 성립되며, 그러한 의미에서 지배·통제의 힘은 부단히 작동하고 있는 것이다. 게다가 야누스 이외의 존재에게는 문을 개폐하는 일이 허락되지 않는다.

바로 여기에서 바이오런스와 게발트의 뒤얽힘을 간파할 수 있다. 난폭하고 무정형한 힘으로서의 바이오런스가 어떤 방법에 의해 수로에 갇혀 일상의 질서는 관리·통제된다. 바꾸어 말하면 지배하고 관리하는 힘으로서의 게발트가 작동할 때, 바이오런스는 게발트의 내부로 회수되는 것이다. 일찍이 근대 정치학의 시조 홉스는, '자연상태'를 법외적으로 미쳐 날뛰는 바이오런스에 의한 '만인의 만인에 대한 투쟁'이라 간주한 뒤에, 그러한 상호 폭력의 무한 증대를 근절하기 위해 만인에게 강제력을 행사할 수 있는 절대적인 권력을 창출하지 않으면 안 된다고 생각했다. 이 절대적인 권력이 게발트에 다름 아니다. 여기에서 홉스는 바이오런스가 게발트로 회수되는 논리에 대해 나름대로의 설명을 시도하고 있다.

물론 홉스의 도식은 하나의 가설에 지나지 않는다. 그렇지만 이 가설을 지탱하는 기본적인 발상은 근대정치를 형성하는 유력한 도식으로 수용되어왔다고 해도 좋을 것이다. 근대정치의 문법은 통제불가능한 법외적인 힘으로서의 바이오런스를 길들여 게발트를 세우는 데서부터 시작되었다. 그리고 그것과 함께 바이오런스는 정치적인 것의 후경으로 밀려나고, 지배와 통치 등 게발트를 둘러싼 문제만이 정치의 주된 대상이 되었던 것이다. 그러나 20세기가 되면 이러한 근대정치의 문법이 근저에서부터 흔들리기 시작한다. 두 차례에 걸친 세계전쟁, 잇따른 지역분쟁과 내전, 전쟁테크놀로지의 비약적인 진전을 배경으로 이전 세기와는 비교할 수 없을 정도로 대량의 죽음이 초래되었던 20세기의 현실은, 바이오런스가 게발트로 회수되지 않았음을 여실히 말해주고 있다. 이제는 통제불가능한 바이오런스의 압도적인 힘에 인간이 완전히 종속되어 있는 것이다. 아렌트가 20세기의 세계에서 간파했던 것은 이러한 바이오런스의 전경화였던 것이다.

21세기가 되어도 폭력의 세기는 의연하게 계속되고 있다. 그뿐만 아니라 폭력의 응수는 한정되지 않고 한층 확대되고 있는 것 같은 느낌마저 든다. 게다가 근대정치의 문법을 대체할 새로운 문법은 지금까지도 발견되지 않고 있다. 이 와중에 우리에게 요구되는 작업은 게발트를 자명한 전제로 두고서, 보다 좋은 정치의 형태를 탐색할 뿐 아니라 바이오런스의 차원으로 물음을 되돌려 정치적인 것의 개념을 근본에서부터 되묻는 일일 것이다. 고대 로마에서 문은 모든 행동의 시원을 상징하는 것이고, 야누스는 만물을 개폐하는 자로서 천지의 수호신이라고도 일컬어져왔다. 폭력이 야누스처럼 인간과 사회를 근원적으로 규정하는 듯한 위치를 점하는 것이라면, 폭력의 세기를 넘어서기 위한 단서를 얻기 위해서는 모든 행동의 시원인 야누스의 문으로 가서 그 개폐의 수수께끼를 추궁하지 않으면 안 될 것이다.

그렇지만 이 책에서는 우회로를 통해 이 물음에 접근하고

자 한다. Ⅰ부 '폭력의 정치학'에서는 우선 게발트로서의 폭력에 집중하여 국민국가와 전쟁이라는 근대정치 현상 속에서 어떠한 폭력이 작동해왔는가, 그리고 그것이 20세기가 되어 어떻게 변용되었는가에 대한 대략적인 지형도를 제시하려고 한다. 다음으로, Ⅱ부 '폭력의 변증법'에서는 바이오런스로서의 폭력에 눈을 돌려 통제불가능한 법외적인 폭력이 어떻게 권력 장치의 내부로 회수되었는가를 묻고, 그것을 가능하게 한 조건을 폭력 그 자체 속에서 탐색하고자 한다. 마지막에는, 이러한 일련의 고찰에 입각하여 폭력비판의 논리를 어떻게 구상해야 할 것인지에 대해 다소나마 사고를 진척시키려고 한다.

목차

I

폭력의 정치학

-전쟁과 정치를 둘러싼 사고

1장 삶의 정치와 죽음의 정치
-근대 국민국가와 폭력

1 홀로코스트와 죽음의 정치

폭력의 세기로서 20세기를 되돌아볼 때, 결코 무시할 수 없는 사상(事象)의 하나가, 나치스 독일에 의한 유대인 대량 학살, 흔히 '홀로코스트'라 불리는 사건이다.

물론 유대인 차별 자체는 이미 긴 역사를 지니고 있으며, 유대인을 격리시켜둔 구역(게토)도 꽤 오래전부터 유럽 각지에 존재했다. 그러나 근대 이후의 반유대주의를 둘러싼 사정은 좀 더 복잡하다. 만인의 평등을 기본 원리로 설정하는 근대시민사회에서 유대인만을 특수하게 취급하는 것은 근거로 삼고서 있는 발판을 근본부터 흔드는 일일 수도 있기 때문이다. 그러한 의미에서 근대의 '유대인 문제'는 그 이전보다 더욱더 심각한 문제가 되었다고 할 수 있다. 반유대주의를 주창한 입장에서도 이제는 종래와 같이 유대인을 격리시켜둔다고 해도 이야기는 끝나지 않는다. 이런 와중에 등장한 것이 나치스의 유대인 절멸 프로젝트이다. 나치스는 의사과학적인 인종 이론을 원용하면서 유대인이라는 종 자체를 근절시키면 '유대인 문제'는 최종적으로 해결된다고 생각했다. 요컨대 그들은 유대인 문제 그 자체를 없애버림으로써 '최종해결'을 시도하려고 했던 것이다.

'최종해결', 그것은 이 절멸 계획에 대해서 나치스 스스로가 부여한 명칭이지만 이 프로젝트의 내막이 제2차 세계대전 후에 비로소 밝혀지면서 전 세계에 큰 충격을 주었다. 때로는 최대의 절멸수용소 '아우슈비츠'의 이름으로 사람들의 입에 오르고, 히브리어로 절멸을 의미하는 '쇼아'의 이름으로 불리기도 하는 이 미증유의 사건은, 왜 이 정도까지 충격적인 사건으로 인식된 것일까. 당장 떠오르는 대답의 하나는 지극히 짧은 기간에 수백만의 인간을 죽음으로 몰아넣었던 살육의 규모와 밀도에 많은 사람들이 압도되었기 때문이라는 식의 설명일지도 모른다. 그러나 그러한 양적인 설명으로는 이 사건이 초래한 충격의 질을 충분히 헤아릴 수 없을 것이다. 이 점에 관해서는 전후 일본을 대표하는 시인의 한 사람인 이시하라 요시로(石原吉郎)의 에세이에 매우 시사적인 대목이 있다.

> 제노사이드(민족절멸)의 끔찍함은 단숨에 많은 인간들이 살육당하는 데에 있는 것이 아니다. 그 속에 **한 사람 한 사람의 죽음**이 없다는 것이 나에게는 끔찍한 일이다. 피해당한 인간들이 결국 자립하지 못하고 그저 집단에 지나지 않을 경우에는, 죽음에 당면해서도 자립하지 못하고 집단인 채로 죽음을 맞이하게 된다. 죽음이 단지 숫자일 때 그것은 절망 그 자체이다. 인간의 죽음에 관해서는 그 한 사람 한 사람의 이름을 부르지 않으면 안 되는 것이다.
>
> —『망향과 바다』, 1972

여기서 이시하라가 문제로 삼고 있는 것은 수효의 많음이 아니라 인간의 죽음이 수량으로 환원되어버리는 사태이다. 엄청난 수의 죽음 하나하나를 인칭적인 죽음으로 감지할 수 없다는 감각. 인간의 단독성이 모조리 빼앗겨버리는 사태에 대한 기분 나쁨. 근대사회에서 인간은 타자로부터 구별되는 고유성을 갖는 존재로 간주되고, 그러한 **존엄성**이 바로 근대적인 '인간'의 조건으로 간주되어왔다. 그런데 학살의 희생자는 이미 그러한 의미로서의 '인간'이라고 할 수 없다. 아우슈비츠라는 사건은 근대적인 인간주의(humanism)의 전제를 철저하게 파괴해버렸던 것이다. 우리들의 충격 내지 당황은 무엇보다도 먼저 이 점에서 유래하는 것이라고 할 수 있다.

그렇지만 이 무시무시한 사건이 갖는 의미는 거기에 그치지 않는다. **근대적**인 '인간'을 근저에서 부정하는 성격을 갖는 이 프로젝트가, 그야말로 **근대적**인 합리성을 지렛대로 삼아 수행되었다는 점을 간과해서는 안 될 것이다. 실제로 그것은 거대한 관료기구를 배경으로 수행된 국가사업이었으며, 합리적으로 통제된 관료제적 테크놀로지 없이는 도저히 성립될 수 없었던 프로젝트였다. 예컨대 유럽 전역에서 유대인을 각지의 수용소로 이송하기 위해 사용되었던 주요 수단은 철도였는데, 그 운행 시스템은 수송 효율을 면밀히 계산해서 만들어진 것이었다. 지휘를 맡았던 SS 중좌 아이히만의 말을 빌린다면, 시각표의 작성 그 자체가 '과학'이었던 것이다(라울 힐버그, 『유럽 · 유대인의 절멸』, 1961). 어쨌든 효율을 냉철하게 계산한 이성 없이 이송에서 살육에 이르는 일련의 프로세스가 이루어질 수 없었다는 것은 분명하다. 그리고 그에 한해서 홀로코스트는 결코 근대적인 이성의 피안(彼岸)에 있는 폭력이 아니라, 오히려 근대의 과학기술적인 합리성 자체에 내속된 폭력에 다름 아닌 것이다. 아우슈비츠는 실로 이성과 폭력의 뒤얽힘이라는 근대성에 아로새겨진 역설을 선명히 부상시킨 사건이었던 것이다.

이것이 아우슈비츠가 20세기 최대의 사상적 사건이 된 중대한 이유이다. 20세기 후반의 사상에는 많든 적든 이 사건의 각인을 엿볼 수 있다. "아우슈비츠 이후에 시를 쓰는 것은 야만이다"라는 아도르노의 유명한 명제가 그 전형이다(「문화비판과 사회」, 1949년). 지극히 일반적인 이해에 따르면, 시를 쓴다는 것은 언어를 획득한 이성적인 인간이 되어서야 비로소 가능하게 된 문화적인 영위이고, 그에 한해서 그것은 야만과는 대극적인 위치에 있다. 그러나 여기서 아도르노는 문화·문명과 야만을 소박하게 대치시킨 이분법적인 발상을 물리친다. 아우슈비츠라는 궁극적인 폭력은 이성을 잃어버린 인간이 스스로의 내부에서 솟아난 파괴 행동에 몸을 맡겨 수행한 만행이 아닌, 이성에 의한 냉철한 계산으로 유지된 것에 다름 아니다. 그러한 문화와 야만의 뒤얽힘이 응축된 것이 아우슈비츠라는 사건이었다. 그것을 전혀 자각하지 않고 여전히 자연의 풍류를 아름답게 여기거나 인간정신의 숭고함을 찬양하는 '시'를 쓰는 것이 가능하다면, 그것이야말로 야만적인 행동이라 해야 할 것이 아닌가라고 아도르노는 생각했다.

여기서는 일단 '시'를 예로 들고 있지만, 아도르노의 비판의 화살은 넓게 문화 · 문명 일반에까지 향해 있음에 틀림없다. 아도르노의 입장에서 야만과의 결탁을 벗어난 문화 · 문명 따위는 존재할 수 없다. 그렇기는커녕 오히려 스스로를 문화 · 문명이라는 안전지대의 주인이라고 믿고 있는 자야말로, 실은 가장 야만적인 세계에 살고 있을 가능성이 있다고까지 할 수 있다. 그렇다면 아우슈비츠라는 사건이 갖는 의미는 더욱더 깊게 생각하지 않으면 안 될 것이다. 요컨대 유대인의 대량살육 프로젝트 속에 문화와 야만, 이성과 폭력의 뒤얽힘이 아로새겨져 있다면, 근대적인 인간주의의 파탄이라는 사태는 살육된 희생자 측만이 아니라 프로젝트를 수행한 측에서도 발생하지 않을 수 없는 것은 아닌가 하는 것이다.

이 점에 대해서는 앞서 언급한 SS 중좌 아이히만의 사례가 역시 그럴싸한 단서를 제공해준다. 아이히만은 제2차 세계대전 중, 유럽 전역에서 유대인을 강제수용소 · 절멸수용소로 이송하는 업무에 종사했으며 이 프로젝트의 실질적인 책임자였다. 그렇지만 그 자신은 절대적인 권력자도, 광신적인 반유대주의자도 아니었다. 그는 제국보안본부 제4국 B-4과의 '과장'으로서 주어진 직무를 그저 충실히 다루는 일개 공무원에 지나지 않았다. 인류사상 좀처럼 볼 수 없는 잔학 행위의 담당자가 결코 사악한 의도를 가진 악마적인 괴물이 아니라, 이성도 분별도 있는 '정상'적인 인간이고, 지극히 평범한 소시민이었다는 것—이것을 아렌트는 '악의 평범성'이라고 표현했지만(『예루살렘의 아이히만』, 1963), '아이히만 문제'의 전율은 확실히 이러한 역설 속에 있다고 해도 좋을 것이다. 정상/이상, 이성/광기와 같은 근대적인 인간주의의 전제가 되었던 이분법이 여기서는 근저에서부터 무너지고 있기 때문이다.

이 '악의 평범성'이라는 주제는 당장 정의와 책임을 둘러싼 성가신 물음을 야기시킬 것이다. 실제로 아렌트는 그 물음에 대한 답을 찾기도 했지만 그것에 관해서는 일단 제쳐두기로 한다. 여기서 먼저 파악해두고 싶은 것은 아이히만이 거대한 관료기구의 단순한 톱니바퀴에 지나지 않았음에도 불구하고, 왜 유대인 이송의 전문가(specialist)로서 민완을 발휘할 수 있었는가 하는 점이다. 그 답은 바로 그가 단순한 톱니바퀴에 지나지 않았다는 점에 있다. 아이히만이 거대한 관료기구 속에서 수행한 역할은 그 이외의 누군가로 얼마든지 교환 가능한 것일지도 모른다. 그러나 바로 그렇기 때문에 아이히만은 프로젝트 전체의 책임이 자신에게는 없다고 생각하고, 오로지 이송 계획의 전문가로서 스스로의 직무에 전념할 수 있었던 것이다. 이시하라는 희생자의 존엄성이 빼앗긴다는 점에서 대량학살의 본질을 간파했지만, 같은 현상이 뒤집어진 형태로

가해자 측에도 생기고 있다고 말할 수 있을 것이다. 존엄성을 잃어버린 '인간'의 또 하나의 비극이 여기에 있다.

결국 '아이히만 문제'의 배경에는 거대한 관료기구에 유지된 전체주의적인 지배구조가 가로놓여 있다. 거기에서는 모든 인간이 강제적으로 균질화되면서 국가의 일원적 통일을 향해 동원되어간다. 게다가 이러한 전체주의적인 통치 속에서 **모든 개인의 삶**이 전면적으로 편입되는 관계 속에서, **모든 개인의 죽음**이 강제적으로 균질화되어간 것이다. '최종해결'은 전체주의라는 20세기의 시대경험과 불가분한 사건이었다고 말할 수 있을 것이다.

2 전체주의와 근대 국민국가

여기서는 우선 '아이히만 문제'와 연관된 나치즘을 예로 들고 있지만, 일반적으로 전체주의라는 말이 가리키는 사례가 이에 한정되지는 않는다. 논자에 따라 견해는 다르지만 무솔리니를 총통으로 하는 이탈리아 파시즘이나, 스탈린 지배하의 소비에트 공산주의도 포함하여 전체주의라는 호칭이 사용되고 있는 것이 통례다. 스탈린주의 또한 개인의 삶과 죽음을 강제적으로 균질화한 체제였으며, 당시 방대한 수의 사람들이 숙청의 거센 바람 속에서 강제노동수용소로 보내지거나 혹은 처형당했다. 이 시대 시베리아에서 패군 포로로서 부득이하게 수용소 생활을 했던 이시하라도 스탈린주의의 희생자 중 한 사람이었다고 말할 수 있다. 결국 전체주의란 독일의 특수 사정에서 유래한 예외적인 사태가 아니라 이른바, 시대의 거대한 추세로서 20세기 전반(前半)에 출현한 사건이었던 것이다.

물론 전체주의라는 말이 유행한 제2차 세계대전 직후인 1950년대에는 공산주의를 파시즘과 같은 계열로 묶어버림으로써 자유민주주의 진영의 건전함을 옹호하려는, 명백히 냉전적인 대립구도 속에서 이 말이 사용되는 일도 적지 않았다. 그러한 의미에 한해서 본다면 전체주의라는 개념은, 실은 냉전기의 이데올로기에 지나지 않았다고 해야 할지도 모른다. 그러나 그렇다고 해서 근대적인 자유민주주의를 기본원리로 하는 사회가 전체주의와 연관된 문제를 완전히 면하고 있다고 간주한다면, 바로 그것 자체가 냉전적 사고에 사로잡힌 억측이라고 말해야 할 것이다. 실제로 제2차 세계대전에서 파시즘 진영과 반파시즘 진영을 불문하고 국민 전체를 전쟁에 동원하는 총력전체제가 취해졌던 것처럼, 개인의 강제적 균질화와 동원이라는 계기는 자유민주주의를 표방하는 사회에서도 결코 무관한 것은 아니었다. 물론 그것이 전시동원이라는 예외적인 국면의 이야기에 지나지 않는다는 견해도 있을 것이다. 그러나 이미 살펴본 바와 같이, 이성과 폭력의 복잡한 뒤얽힘이라는 역설이 근대성에 각인된 것이라면 근대사회의 원리 그 자체에 전체주의의 폭력으로 이어지는 요소가 내포되어 있었던 것은 아닌가 하고 의심해볼 여지는 충분히 있다.

예를 들어, 막스 베버는 일찍이 근대사회는 결국 인간의 손에서 떨어져 자주화(自走化)되어 '철의 우리'로 변한 사회질서 속에 개인은 모두 갇히게 될 것이라고 썼다. 그리하여 그러한 '철의 우리'에 사는 '말인(末人)들'을 가리켜, '정신없는 전문인, 심정 없는 향락인'이라고 형용했던 것이다(『프로테스탄티즘의 윤리와 자본주의 정신』, 1905). 아이히만이 '심정 없는 향락인'은 아닐지 모르지만 '정신없는 전문인'의 전형이었다는 것은 물을 필요도 없다. 거대한 시스템의 톱니바퀴가 될 수밖에 없는 근대적 주체의 운명을 베버는 이미 20세기 초두에 예언하고 있었다고 할 수 있다.

이러한 베버의 어두운 예언이 타당하다면 20세기 전반에 등장한 전체주의체제 역시 정치적으로는 국민국가, 경제적으로는 자본주의를 기본원리로 하는 19세기적인 근대사회와 전혀 무관한 것이었다고 할 수 없다. 베버의 도식을 따르면 오히려 시스템의 기능적 합리화가 진전됨에 따라서 근대사회 자체가 전체주의적인 방향으로 점차 전위되어간다고 말하는 것도 가능하기 때문이다. 그렇다면 그러한 전위를 가능하게 한 조건이 무엇이었는지에 대해, 다시 근대사회의 원리 자체로 거슬러 올라가 밝히는 일이 필요할 것이다. 바꿔 말하면 개인의 삶과 죽음을 강제적으로 균질화하여 인간의 존엄성을 철저히 찬탈해간 전체주의적인 폭력의 계기는, 바로 그 존엄성을 옹호하는 근대사회의 내부에 내포되어 있었던 것은 아닌가 하는 것이다. 이러한 근대성의 역설이 의미하는 바를 생각하기 위해, 여기서는 먼저 근대사회를 유지하는 주요한 원리 중 하나인 '국민국가'에 대해서 간략하게 언급해두고자 한다.

19세기 서구에서 확립되어 20세기에는 세계로 확대되었던 국민국가는, 한마디로 말해 일정한 영역 내의 모든 주민을 '국민'으로 균질화하여 동원하는 것을 지향하는 시스템이다. 요컨대 국민국가는 개인의 삶의 균질화를 중심적인 원리로 삼고 있는 것이고, 그러한 의미에 한해서 볼 때 '강제적 균질화(Gleichschaltung)'와 '동원(mobilization)'이라는 전체주의적인 계기는 애초에 근대 국민국가에 편입되어 있었다고도 할 수 있다. 다만 이 균질화와 동원의 과정이 반드시 위로부터의 강제라는 형태를 취하는 것은 아니다. 주권은 군주가 아니라 국민에게 있어야 한다는 국민주권의 원리에 비추어 말하면, 이 과정은 오히려 동원되는 그 주체 스스로가 자율적으로 수행해야 하는 것이다. 요컨대 한 사람 한 사람이 '국민'이 되어 스스로의 삶을 조직화해나가야만 하는 것이다. 결국 국민국가란 주민 개개인이 자율적으로 '국민으로 살아가기'를 선택함으로써 성립되는 체제였다는 것이다. "국민은 매일매일의 인민투표다"라는 에르네스트 르낭의 유명한 말은, 이러한 사정을 단적으로 표현하고 있다고 말할 수 있다(「국민이란 무엇인가」, 1882).

그렇지만 그러한 '매일매일의 인민투표'를 행하는 자율적인 '국민'이 실제로 존립할 수 있기 위해서는, 주민들을 '국민'으로 균질화하여 동원하는 강력한 이데올로기 장치가 없어서는 안 된다. 예를 들어 그것은 국어와 도량형의 통일이었으며, 더 나아가 그것을 침투시키는 수단으로서의 초등교육의 의무화였던 것이다. 그러나 베버의 말처럼 근대국가를 특징짓는 최대의 계기가 폭력의 독점이라고 한다면(『직업으로서의 정치』, 1919), '국민'으로 균질화하고 동원하는 데서 결정적인 무게를 지니는 것은 역시 전쟁이라는 국면이다. 영역 내의 모든 성년 남자를 강제적으로 전쟁에 동원하는 징병제가 도입됨으로써, '국민'으로 균질화하고 동원하는 과정은 더욱 강력하게 추진되었던 것이다. 이에 힘입어 전쟁은 명확히 '국민'의 이름 아래서 수행된다. 결국 '국민'으로 균질화되어 동원되는 개인의 삶 전체는 바로 전쟁에서 그 윤곽이 선명하게 나타나게 되는 것이다.

그런데 이처럼 전쟁이 '국민'화의 장치로서 결정적으로 중요한 기능을 담당했다고 한다면, 국민국가가 수행하는 전쟁은 애당초부터 '총력전'의 계기를 내포하고 있었다고 말할 수도 있다. '총력전'이란 말할 필요도 없이 20세기 두 차례의 세계전쟁을 특징짓는 개념이며, 영역 내의 모든 물적·인적 자원이 전쟁수행을 위해서 투입되는 전쟁형태를 말한다. 실제로 이 두 차례의 세계전쟁에서는 이른바 전선과 후방의 구별이 없어지고, 비전투원인 민간인의 일상생활까지도 전쟁수행을 위해서 동원되었다. 특히 제2차 세계대전 때 도시 공습의 규모가 커지면서 실제의 전투 장면에서조차 전선과 후방의 구별은 사라지고 전쟁이 국민 전체를 온통 덮쳐버렸던 것이다. 그러나 '국민으로 살아가기'를 영역 내의 모든 주민에게 요청하는 것이 근대 국민국가의 논리였다면, 총력전의 논리는 이미 19세기의 국민국가가 수행한 전쟁 안에 배태되어 있었을 것이다. 반대로 말하면 20세기의 총력전과 총동원 체제는 근대 국민국가의 전쟁을 순화시킨 것에 다름 아닌가 하는 것이다. 성년 남자를 대상으로 한 '국민'으로의 동원이 여성과 아이도 포함한 '총동원' 체제로 순화되면서, 국민국가는 전쟁국가로서의 모습을 드러냈던 것이다(로제 카이와, 『성스러운 것의 사회학』, 1951).

하여간 이렇게 생각해보면 근대 국민국가는 단적으로 말해서 전쟁국가였다고 할 수 있다. 국민국가에 편입된 강제적 균질화와 동원이라는 계기는 전쟁이라는 국면에서라야 가장 노골적으로 기능하는 것이며, 그러한 의미에서 근대 국민국가란 실로 피비린내 나는 국가라고도 말할 수 있을 것이다. 하지만 그러한 피비린내를 오로지 죽음에만 결부시키는 것은 정당하지 않다. 피가 문제시된다는 것은 무엇보다도 인간의 생물학적인 생명이 문제가 된다는 것이기 때문이다. 미셸 푸코에 의하면, 19세기 이후의 근대사회에서 분명 '죽음에 대한 엄청난 권력'이 등장했지만 그 이면에는 '생물학적인 생명을 경영 · 관리하여, 증대 · 증식시켜, 생명에 대해서 엄밀한 관리통제와 전체적인 조정이 미치도록 기획하는 권력'이 가로놓여 있다고 한다. 요컨대 근대사회에서는 출생률이나 공중위생과 같은 인구 동태를 관리하는 것이 통치상의 중요한 과제가 되고, 주민을 '살게 하는' 일이 권력이 지향하는 것이 되었다(『앎의 의지』, 1976).

이러한 관점에서 생각해보면 전쟁국가로서의 근대 국민국

가는 주민 한 사람 한 사람에게 '국민'으로 사는 것을 요청하면서, '국민' 전체의 생명을 관리 · 조정하는 것을 지향했다. 국민국가에 편입된 균질화와 동원이라는 계기도 실은 그러한 '살게 하는' 권력의 한 모습이었다. 더 나아가 그러한 '살게 하는' 권력의 모습은 20세기가 되어 더욱 현저해졌다. 예를 들어 국가에 의한 사회복지의 실현—'요람에서 무덤까지'—을 호소한 베버리즈 보고가 영국에서 발표된 것이 바로 총력전하의 1942년이었다는 데에 상징적으로 나타난 것처럼, 20세기 전반은 '전쟁국가(warfare-state)'가 동시에 '복지국가(welfare-state)'로서 등장했던 시대이기도 했다(야마노우치 야스시(山之内靖), 『시스템사회의 현대적 위상』, 1996). 모든 주민을 '국민'으로 살게 하는 것을 지향하는 근대 국민국가의 논리는 20세기의 세계전쟁을 통해서 '복지국가=전쟁국가'라는 모습으로 나타났던 것이다.

3 근대 국민국가와 삶의 정치

그렇다고 하더라도 근대 국민국가의 논리는 오로지 이러한 '살게 하는' 국면에서만 기능하는 것은 결코 아니다. 오히려 그 이면에는 '죽음에 대한 엄청난 권력'이 그림자처럼 딱 붙어 있어서 다시 푸코의 말을 빌린다면, '살게 **하거나** 죽음 속으로 **폐기하는** 권력'의 모습을 여기서 파악할 필요가 있다. 바꾸어 말하면 영역 내의 주민을 '국민'으로 포섭하는 것을 지향하는 국민국가의 논리는 동시에 여기에 포섭될 수 없는 사람들을 '국민'의 외부로 배제하여 심지어 '죽음 속으로 폐기하는' 구조를 가진 것은 아닌가 하는 것이다. 그러한 배제의 폭력의 극한적인 사례가 아우슈비츠인 것은 말할 것도 없다. 아우슈비츠에서는 확실히 생물학적인 종으로서의 유대인의 생명이 권력의 표적이 되어 죽음 속으로 폐기되었던 것이다.

그러나 어쨌든 간에 원리상 일정한 영역 내의 **모든** 주민을 '국민'으로 균질화하여 동원하는 것을 지향하고 있었던 국민국가의 공간에서, 왜 거기에 포섭되지 않는 인간이 생산되고 배제되어버렸던 것인가. 그러한 배제의 폭력은 국민국가의 원리 자체에 대한 배반을 의미하는 것이 아닐까. 이 물음은 바꿔 말해, 국민국가체제 아래서 왜 '난민'이 끊임없이 생겨날 수밖에 없는가 하는 물음이기도 하다. 예컨대 아렌트에 의하면, 제1차 세계대전 직후 유럽에 난민이 넘쳐나고, 무국적이라는 지극히 현대적인 현상이 등장하게 되지만, 이것은 실은 '국민국가 붕괴의 가장 명백한 징후'에 다름 아니라고 한다(『전체주의의 기원』, 1951). 난민 · 무국적자라는 존재는 근대 국민국가의 원리에 있어 걸림돌이 될 수밖에 없었던 것이다. 여하튼 이와 같이 스스로의 원리를 배반하는 존재를 자기 자신의 내부에서 만들어버렸다는 것, 여기에 근대 국민국가의 아포리아가 있음은 확실하다. 그러나 왜 그러한 아포리아가 생길 수밖에 없는 것일까.

이 문제를 생각하는 데 좋은 실마리를 제공해주는 것은 역시 아렌트의 『전체주의의 기원』일 것이다. 아렌트가 볼 때, 국민국가의 비극은 '영역 내의 주민 모두를 민족적 귀속과는 관계없이 법적으로 보호한다'는 원리와 정면에서 충돌할 계기를 내포하고 있다는 점에서 기인한다. 즉 '본질적으로 동질하다고 가정된 국민의 통일체에 혈통과 출생에 의해 속한 자만이 국가적 결합체 속에 완전한 시민으로서 받아들여져야 한다'는 주장, 이러한 종적 동질성의 논리가 '국민'이라는 관념 속에 포함되어 있는 한, 동질적 공간에서 초과한 존재자를 억압하고 배제할 가능성은 처음부터 국민국가에 내장되어 있다는 것이다. 특히 중부 · 동부 유럽과 같이 민족적 귀속과 영토적 귀속이 복잡하게 교차하고 있는 다민족 혼재 지역에서 국민국가를 도입하려면, '국민'으로의 귀속은 더욱더 '혈통과 출생'에 의해 담보될 것이고, 그렇게 되면 민족적 마이너리티는 어쩔 수 없이 메이저리티로 동화(즉 강제적 균질화)되거나, 그럴 수도 없다면 외부로 배제될 수밖에 없는 것이다. 만약 이 '혈통과 출생'의 논리에 '국민'이라는 관념이 전면적으로 은폐되어버린다면, 궁극적으로는 나치즘과 같은 인종주의로 다다를 가능성도 있다. 어쨌든 '국민'이라는 관념에 내포되어 있는 '출생'의 논리, 피의 논리가, 국민국가에서 포섭-배제 운동을 구동시키는 강력한 장치가 되는 것은 부정할 수 없다.

그렇지만 여기에는 더욱 성가신 문제가 잠재되어 있다. '영역 내의 모든 주민을 민족적 귀속과는 관계없이 법적으로 보호한다'는 원리가 어쩔 수 없이 파탄 날 수밖에 없다면, 문제는 곧 '인권(인간의 권리, human life)'이라는 근대적인 이념, 즉 '인간'이라는 관념 자체로 되돌아오기 때문이다. 아렌트에 의하면 미국 독립선언과 프랑스 인권선언에 단적으로 표명되어 있는 것은, 누구나 '인간'이라면 선천적으로 지닌 기본적인 권리, 즉 '인권'의 보편성이자 지고성이었다. 그렇기 때문에 '영역 내의 모든 주민을 민족적 귀속과는 관계없이 법적으로 보호하는 의무'를 짊어지지 않으면 안 된다고 여겨졌다. 그러나 현실에 존재하는 국민국가가 실제로 보호할 수 있었던 것은 결코 그러한 보편적인 '인간'의 권리가 아니라 민족적 귀속을 같이하는 특정한 '국민'의 권리에 지나지 않았다고 아렌트는 말한다. 요컨대 특정한 '국민'에 귀속된 자의 권리만이 국가의 보호 대상이 되는 것이고, 거기에서 초과된 자는 법적 보호의 테두리 밖으로 내팽개쳐질 수밖에 없었다는 것이다. 게다가 이렇게 버림받은 사람들은 '인간'이라는 종에 속한 단순한 동물적인 존재로서 법과 권리의 카테고리 바깥으로 축출되어, '국민'의 권리는 고사하고 '인간'의 권리조차 보장받지 못한다. 결국 '국민'의 외부로 축출되어 단순한 '인간'으로 환원된 존재자는 역설적으로 '인간'의 권리를 박탈당해버린다. 이렇게 되면 문제는 이제 '국민'이라는 관념에만 관계되는 것이 아니다. 물어야 하는 것은 오히려 '인간'이라는 관념 자체이며, 그것이 '국민'이라는 관념과 어떻게 연결되어 있는가 하는 점이다.

사실 여기서 '인간'과 '국민'의 관계는 복잡하게 얽혀 있다. 우선 '인간'과 '국민'은 대립적이다. '국민'이 법과 권리에 관계되는 법학·정치학적인 카테고리인 데 반해, 단순한 생명으로서의 '인간'은 그러한 카테고리의 외부에 놓여 있다. '인간'은 오히려 생물학적인 카테고리인 것이다. 그렇기 때문에 난민은 동물과 같이 단순한 생명으로 법적 보호의 테두리 밖에 놓이게 된다. 그렇지만 '인간'은 근대의 법학·정치학적인 카테고리의 단서가 되는 관념이기도 하다. 프랑스 인권선언 제1조를 상기해보자. "**인간**은 권리에 있어서 자유롭고 평등하게 **태어나, 생존한다.**"(강조는 저자) 여기에는 '인간'이 생명으로서 그리고 선천적으로 정치의 주체인 것이 명기되어 있다. 근대정치의 출발점이 되는 것은 바로 생물학적인 생명으로서의 '인간'이며, 그 때문에 '인간'은 틀림없이 법학 · 정치학적 카테고리인 것이다. 한편, '국민'에 대해 말하면 앞서 확인한 것처럼 그것은 원래 '출생'을 내포한 관념이기도 했다. 그 점에 있어서 '국민'은 단지 법학 · 정치학적 카테고리일 뿐만 아니라, '인간'과 마찬가지로 생물학적인 카테고리였다고도 할 수 있다. 요컨대 '인간'과 '국민'을 자연/정치라는 이항대립으로 적용하려 해본들 그러한 대립 도식은 곧바로 반전될 수밖에 없는 것이다.

여기서는 오히려 '인간'과 '국민'이라는 관념이 '출생'이라는 계기를 결절점으로 하여 원환상에 복잡하게 얽혀 있다고 봐야 할 것이다. 즉 우선 생물학적인 생명으로서의 '인간'이 근대정치적 공간의 주체로서 기입되면서, 이 주체는 '출생'이라는 계기를 매개로 하여 즉시 '국민'으로 지칭되고, 역으로 이 '국민'이야말로 '인간'의 권리를 갖춘 주체로 간주된다. 그리고 그 순간 '출생'이라는 매듭이 말소되고 '국민'과 '인간'이 매끄럽게 연결되어, 여기에 '국민=인간'이라는 법학 · 정치학적 카테고리가 만들어지게 되었던 것이다. 그러나 이 '국민=인간'의 겹쳐쓰기 트릭은 난민 · 무국적자에 의해 폭로될 것이다. '국민'의 외부에 내버려진 난민과 같은 존재자는 순수하게 생물학적인 생명으로서의 '인간'이라고 말할 수밖에 없는 이상, '국민≠인간'이라는 사태를 노골적으로 드러내기 때문이다. 근대 국민국가를 구성하고 있는 것은 언뜻 보면 순전히 법학 · 정치학적 카테고리로서의 '국민'인 것처럼 보이지만, 이 '국민'에는 생물학적인 생명으로서의 '인간'이 확실히 기입되어 있다는 것—이러한 '국민=인간'의 겹쳐쓰기 트릭이 난민과 같은 존재자로부터 이를테면 거꾸로 비춰지는 것이다. 조르조 아감벤의 말을 빌린다면, "19세기와 20세기의 근대국가를 기초 짓는 것은 자각 있는 자유로운 정치적 주체로서의 인간이 아니라, 무엇보다도 먼저 인간의 벌거벗은 생명인 것이다." (『호모 사케르』, 1995)

이렇게 보면 난민이라는 존재는 근대 국민국가의 존립구조를 이면에서 비추어주는 위치에 있다고도 할 수 있다. 분명 난민은 '국민=인간'으로부터 내쫓긴 존재이지만, 그렇다고 해서 국민국가와 전혀 무관한 것은 결코 아니다. 근대 국민국가에서는 '인간의 벌거벗은 생명'이 권력의 표적이 되어 그러한 생명을 관리 · 조정하는 것을 지향하지만, 가장 노골적으로 '벌거벗은 생명'인 난민이야말로 권력의 최대 표적이 될 것이기 때문이다. 물론 그것은 '살게 하는' 형태가 아니라, 궁극적으로는 '죽음 속으로 폐기하는' 배제의 폭력의 형태를 취한다. 그러나 그러한 배제 · 폐기 또한 '인간의 벌거벗은 생명'을 대상으로 하는 한, 생명의 관리 · 조정을 지향하는 근대 국민국가의 또 하나의 모습이라고 하지 않을 수 없다. 어쨌든 '내부'와 '외부'는 단지 대립적인 관계에 있는 것이 아니다. '내부'라는 영역을 획정하려면 그것과 동시에 '외부'를 획정하는 것이 필요하다. 따라서 '내부'로 포섭 · 관리하는 일과 '외부'로 배제 · 폐기하는 일은 결국 같은 내용의 두 가지 현상인 것이다.

이와 같이 근대 국민국가에서는 원리상 **모든** 주민을 '인간'으로, 강제적으로 **균질화**하여 **동원**하는 것을 지향하고 있다. 국민국가체제 아래서 법적 보호의 테두리 밖으로 내던져진 난민 · 무국적자의 경우도, 생물학적인 생명으로서의 '인간'으로 **균질화**되고, '국민'의 외부에 '인간'으로서 **동원**된 존재이며, 그러한 의미에서 '국민'과 상동적인 위치에 있다고 해도 좋다. 아우슈비츠는 그 극한적인 사례이다. 나치스가 유대인을 절멸수용소로 보낼 때, 먼저 그들로부터 국적 · 시민권을 박탈하는 수순을 밟고 있다. 요컨대 유대인은 법적 인격을 빼앗겨 '벌거벗은 생명'으로 강제적으로 균질화된 후에 수용소에 동원되었던 것이다. '살게 하는' 것이건, '죽음 속으로 폐기하는' 것이건, 혹은 내부로 포섭하든 외부로 배제하든, 근대 국민국가는 개인을 '인간의 벌거벗은 생명'으로서 강제적으로 균질화하여 동원해간다. 그리고 이러한 균질화와 동원의 과정을 지탱하는 것이 **모든** 주민을 생물학적인 생명으로서 취급하는 '출생'의 논리, 푸코나 아감벤 등의 표현을 빌리면 '생-정치'의 논리인 것이다.

2장 한정전쟁과 절대전쟁
-주권국가체계와 폭력

1 주권국가체계와 한정전쟁

지금까지는 근대성에 내재하는 폭력을 국민국가의 원리에 의거하여 대략적으로 살펴보았다. 그것은 '인간'이라는 관념, '출생'의 논리가 국민국가를 근저에서 지탱하고 있다는 것이었다. 그렇지만 근대 국민국가의 구성 요건이 이에 한정되는 것은 아니다. 근대국가의 가장 본질적인 계기를 폭력의 독점으로 보는 베버의 정의에서도 실은 영역성이 그 전제가 되고 있었다. 국가가 물리적 폭력을 독점한다고 해도 그것은 어디까지나 특정 영역 내부에 한정된다는 것이다. 게다가 근대국가의 경우, 예를 들어 중세 유럽의 교황 권력과 같이 국가보다 상위에 있는 권위는 상정되지 않고, 국가가 최상위 권력 주체로서 영역 내부의 통치권(주권)을 최종적으로 갖게 된다. 이러한 주권을 가진 국가, 즉 주권국가야말로 근대국가의 가장 기본적인 규정이기 때문에 영역성은 근대국가에 있어 불가결한 계기로 간주되는 것이다.

이러한 의미에서의 주권국가는 최초에는 국민이 아니라 군주를 주권자로 하는 절대주의 국가로 성립했기 때문에 국민국가보다도 역사가 훨씬 오래됐다. 일반적으로 이는 17세기 종교전쟁으로 종지부를 찍은 베스트팔렌 조약의 체결(1648년)로 확립되었다고 일컬어진다. 바꿔 말하면, 주권국가가 어디까지나 복수의 국가로부터 구성된 하나의 체계(system)로서 성립되었다는 것이다. 실제로 경계선에 의해 영역 내부를 획정하는 일이 동시에 영역 외부를 획정하는 일인 이상, 주권은 특정 영역 내부뿐만 아니라 대외적인 국면과도 관련되지 않을 수 없는 것이다. 게다가 교황 권력처럼 상위 권위를 갖지 않는 주권국가 간에는 복수의 국가들이 대등한 권력 주체로서 서로를 승인할 수밖에 없다. 이러한 복수의 국가로부터 구성된 주권국가체계는 먼저 17세기 후반 유럽에서 성립되었다. 물론 많은 주권국가가 19세기 이후, 국민을 주권자로 하는 국민국가로 탈바꿈하여 지금은 주권국가체계가 국민국가체계라고 불리게 되었지만, 어쨌든 이러한 복수의 주권국가가 대치하는 공간이야말로 유럽에서 발단한 근대적인 국제 질서의 모델로 간주되어왔던 것이다.

그렇지만 이러한 주권국가체계를 바탕으로 한 전쟁은 과거의 종교전쟁과 같이 적의 완전한 말살을 목표로 하는 섬멸전의 형태를 취하지는 않는다. 물론 국가 간 세력 균형(balance of power)에 의해 체계 전체의 안정을 도모한다는 관점에서 폭력 행사의 무한 증대에 대한 일정한 제동이 가해졌다. 그러한 한정전쟁의 모습을 간결하게 표현한 것이, "전쟁이란 별도의 수단에 의한 정치의 계속이다"라는 클라우제비츠의 유명한 명제이다(『전쟁론』, 1832~1834). 클라우제비츠에 의하면 전쟁은 자국의 의지를 기초로 다른 나라를 굴복시킨다는 정치적 목적을 위해 국가가 이용하는 수단에 다름 아니다. 확실히 전쟁의 원리를 순수한 이념으로 생각하면, 교전국 간의 폭력 행사는 무한 증대해가고, 마침내 적을 완전히 섬멸하는 것으로까지 도달해버리는 것이다. 그러나 현실에서는 그러한 순수한 전쟁(절대전쟁)은 일어나지 않는다고 클라우제비츠는 말한다. 요컨대 전쟁이란 어디까지나 국가 간 정치적 교섭 수단에 지나지 않는 것이며, 폭력 행사는 저절로 한정되지 않을 수 없다는 것이다.

여기서 클라우제비츠가 염두에 둔 현실은 주권국가체계라

는 정치적 공간인 것이다. 클라우제비츠는 전쟁을 '결투'에 비유하고 있지만, 이때 전제가 되는 것은 교전하는 국가들이 대등 관계에 있는 주권국가체계라는 것이다. 여기서 전쟁은 이른바 복수의 국가가 일정한 룰에 입각해 승패를 겨루는 일종의 게임이라고도 말할 수 있다. 이 점에 대해서는 『대지의 노모스』(1950)에서의 칼 슈미트의 설명이 시사적이다. 슈미트에 의하면 주권국가들이 평등하다는 것은 해당 국가들이 대등한 경쟁상대가 되는 것에 다름 아니며, 그리하여 전쟁은 '결투와 닮은 것'이 된다. 요컨대 전쟁은 중립적인 국가들을 '공평한 입회인'으로 하면서, 절차를 준수한 주권국가들이 승패를 겨루는 '형식에 입각한 전쟁'이 된다는 것이다. 전쟁을 '결투'에 비유한다는 것은 전쟁을 일정한 룰에 입각한 게임으로 간주한다는 것이다.

물론 전쟁이 그러한 의미에서의 게임일 수 있기 위해서는 게임을 게임으로 성립시키는 룰이 설정되지 않으면 안 된다. 이 경우 국제법이 그에 해당할 것이다. 무엇보다 그것은 당초에 유럽 내부의 주권국가 간의 규범으로서 성립했다. 이를 근거로 하여 슈미트도 이 규범에 단적으로 유럽이라는 이름을 붙여 '유럽 공법'이라고 부른 것이다. 그러나 슈미트가 '유럽 공법'에 대해 말할 때, '유럽'은 하나의 지역명을 나타내는 호칭

이상의 무게가 부여된다. 복수의 주권국가가 병립 · 길항하고 있다고 해도 '유럽'이 이른바 '가족'과 같이 하나의 통합된 영역으로 성립되는 것이야말로 전쟁을 게임화하기 위한 불가결한 조건이 되는 것이다. 이와 같이 '유럽'이라는 영역성에서 의미를 도출해내려 했던 것이 『대지의 노모스』의 주안점이라고 해도 좋을 것이다. 게다가 이러한 관점에서 슈미트는 '유럽 공법'의 기원을 베스트팔렌 조약 체결 이전으로 거슬러 올라가 탐색하려고 한다. 즉 '신세계'—미국을 비롯한 비유럽 세계—의 '발견'이 그것이다.

주지하는 바와 같이, 유럽 제국은 15세기 말에 시작된 대항해시대 이후 비유럽권으로 적극적인 진출을 도모해 갔지만, 슈미트에 의하면 이때 '신세계'란 유럽에 있어서 '자유로운 공간', 즉 유럽에 의한 점령과 확장을 위한 자유로운 영역으로 나타났던 것이다. 요컨대 '신세계'라는 비유럽 세계는 유럽에 의한 영토 획득을 무제한으로 취하는 것이 허락된 무법지대로 간주되어 유럽 제국은 새로운 영토 획득을 목표로 하여 '신세계'로 일제히 진출해 갔던 것이다. 그러나 슈미트는 유럽/비유럽이라는 경계선이 그어진 것이 '유럽 공법' 성립에서 결정적인 사건이었다고 말한다. 이것에 의해 유럽은 야만적인 세계로부터 구별된 문명권으로 스스로를 자리매김하고, 문명국들의 '가족'적 영역의 규범으로서 '유럽 공법'을 확립할 수 있게 되었기 때문이다. 게다가 유럽 내부에서는 이제 생사를 걸고 싸울 필요도 없기 때문에, 문명권 유럽 내부의 전쟁은 '정당한 적'들의 한정된 합법적 · 합리적인 게임으로서 수행된다. 이렇게 하여 '신세계'의 '발견'은 근대적인 한정전쟁의 성립에 있어 큰 의미를 지니게 된 것이다.

이와 같이 '유럽 공법'이 성립한 것을 슈미트 자신은 매우 높게 평가하고 있다. 무엇보다도 그것에 의해 폭력의 무한 증대에 제동이 걸리고, 이른바 **인도적인 전쟁**이 가능하게 되었기 때문이다. 그러나 그것은 어디까지나 유럽 내부의 이야기에 지나지 않는다. 유럽이 비유럽 세계를 식민지화해나갈 때, 근대성의 야만 중에서 제일이라고도 할 수 있는 폭력이 그야말로 무한 증대해갔던 것이다. 문명/야만의 이분법에 기초하여 문명을 자칭하는 측이 그러한 폭력의 담당자가 되었던 것은 새삼스레 말할 것도 없다. 그렇지만 슈미트의 분석은 근대세계의 성립을 날카롭게 해석하고 있다고도 할 수 있다. 근대세계질서가 유럽에 의한 해외 진출을 계기로 하여 성립한 것은 틀림없기 때문이다.

물론 여기에는 자본주의 문제도 깊게 관련되어 있다. 예를 들어 이매뉴얼 월러스틴에 의하면 '근대세계체제'는 정치 · 문화와 경제의 절묘한 결탁에 의해 성립되었다고 한다(『근대세계체제』, 1974). 먼저 경제에 대해 말하자면 자본은 어떠한 경계도 넘어 끝없이 운동해가기 때문에, 자본주의는 원리적으로 반드시 세계경제로서 나타난다. 실제로 15세기 말 대항해시대 이후, 유럽에서 비롯된 자본주의 경제는 단일한 글로벌체제를 형성했다. 그러나 그렇다고 해서 근대세계체제가 예전의 세계제국과 같이 단일한 정체(政體)로 성립되지는 않았다. 물론 그것은 정치적 · 문화적으로는 복수의 국가 · 문화를 내포한 다극적(多極的) 체제였다. 월러스틴에 의하면 근대세계체제를 특징짓고 있는 것은 그러한 다극적 정치 · 문화의 구조가 단일한 세계경제체제와 절묘하게 결합한 점이다. 게다가 월러스틴은 내부 구조가 불균일한 것이 역으로 체제로서 강점이 되었다고 말한다. 다시 말해 세계경제는 정치 · 문화의 다극성과 대응하는 형태로 중핵지역 · 반변경 · 변경의 글로벌한 분업체제로 구조화되어, 중핵지역에 의한 변경의 수탈이 체제에 '효율적'으로 편입되었다는 것이다.

이러한 월러스틴의 도식은 근대 세계질서가 대항해시대 이후 유럽에 의한 세계 진출을 계기로 하여 성립했다고 보는 점에서 슈미트와 같은 시점을 취하고 있다고 말할 수 있다. 그렇다면 슈미트와 같이 유럽을 오로지 문명으로 두는 관점을 취한다고 해도, 근대 유럽의 자기의식을 지극히 노골적으로 표현하는 것은 오히려 근대세계체제의 폭력적인 구조를 선명하게 비추고 있다고 말할 수 있다. 슈미트가 우연히 말하고 있는 것처럼 유럽 내부에서 전쟁이 한정화된다는 것은, 유럽에 의해 비유럽 세계가 수탈당하는 사태와 확실하게 표리일체 된다. 역시 내부/외부의 경계선을 긋는 것으로 인해 근대 국민국가가 주민을 '살게 하는' 것과 동시에 '죽음 속으로 폐기하는' 측면을 갖고 있었다는 것을 여기서 다시 상기할 수 있다. 어쨌든 경계선이 그어진 것으로 인해 근대성의 폭력은 항상 발동되어왔던 것이다.

2 제국주의와 영역성의 변용

여하튼 근대세계에서 유럽의 비유럽 세계로의 진출은 멈추지 않고 무한 증대해간다. 그러한 영토 확장 운동은 19세기 말에는 '제국주의'로 형용되고, 마침내 세계의 상당 부분의 영역이 유럽 제국에 의해 분할되기에 이른다. 한편, 이러한 유럽의 팽창 운동과 궤를 함께하여 '유럽 공법' 또한 글로벌화되어간다. 요컨대 '유럽 공법'은 유럽이라는 영역을 벗어나 문자 그대로 '국제법'으로 변모하게 되었던 것이다. 사실 일본을 비롯한 비유럽 제국은 19세기 말 이후, '유럽 공법'의 룰을 준수함으로써 점차적으로 주권국가체계로 편입되어간다. 즉 유럽 문명의 보편성이라는 상정 아래 주권국가체계의 적용 영역은 비유럽권으로까지 확장되어, '유럽 공법'은 보다 보편적인 '문명국 간의 법'으로 확대되어갔던 것이다. 유럽의 비유럽 세계로의 확장은 문명/야만의 이분법을 기초로 하여 비유럽 세계를 철저하게 수탈하는 한편, '야만'인 비유럽 세계를 '문명'화한다는 형태를 취한 것이다. 물론 이러한 주권국가체계의 확대는 유럽적 질서의 글로벌화라는 의미에서 명백히 유럽에 의한 세계지배라는 성격을 띠지 않을 수 없다. 언뜻 보면 '문명'화라는 세련된 형태를 취하면서 유럽이 세계 전체를 폭력적으로 '유럽'화 한다는 구도가 여기에 명확히 가로놓여 있다. 그렇지만 다른 한편, 비유럽 세계가 주권국가체계에 참가함으로써 전쟁의 한정화가 방향을 바꾸어 세계 규모로 확대되면, 글로벌한 폭력의 무한 증대라는 사태는 어느 정도 억제되는 것이 아닌가 하는 견해가 성립될 여지도 충분히 있다. 특히 '유럽 공법'의 수호자 슈미트가 그렇게 생각한다 해도 이상하지 않겠지만 사실, 슈미트 자신은 그것과 완전히 반대로 생각했다. 슈미트는 '유럽 공법'의 분별없는 확대가 반대로 '유럽 공법'의 존립을 위협하는 일이 된다고 말한다.

애당초 슈미트에게 '유럽 공법'이라는 것은 결코 추상적 · 관념적인 이념이 아니라 어디까지나 '유럽'이라는 구체적인 공간 안에서 양성(釀成)된 규범의식에 기인한 것이었다. 그 때문에 '유럽 공법'이 성립된 뒤에 불가결한 조건이 된 것은 무엇보다도 이 '유럽'이라는 고유의 공간이 외부 공간으로부터 확실하게 구별되는 것이었다. 그런데 서구 국가들에 의한 비유럽 세계의 식민지화가 진행됨에 따라 유럽이 모국과 식민지를 무차별적으로 국가 영역으로 간주한 결과 유럽을 비유럽 세계로부터 구별했던 경계선은 해제된다. 이것은 슈미트에게 중대한 사태였다. 유럽/비유럽의 경계선이 소멸되어 유럽 고유의 공간이 상실된다는 것은 '유럽 공법'이 의거한 토대가 붕괴된다는 것을 의미하기 때문이다. 즉 '유럽'의 제한 없는 확장은 역설적이게도 스스로의 존립 기반을 무너뜨려버린다는 것이다.

어쨌든 '유럽 공법'이 해체된다는 것은 바꿔 말하면 전쟁의 한정화가 해제되어 전쟁폭력의 행사가 무한 증대된다는 것이다. 슈미트는 여기서 주권국가체계가 글로벌화될 때의 함정을 본다. '유럽'이 유럽 외부로까지 확장된다는 것은 '유럽 공법'이 '무차별적이고 보편적인 세계법으로 몰락해가는' 일에 다름 아니고, 이때 '유럽 공법'의 룰인 한정전쟁의 구조는 해제되지 않을 수 없다. 이른바 전쟁 공간이 세계적으로 확대된 상황하에서 한정전쟁의 룰이 사라지는 형식이 된다. 이렇게 베스트팔렌 체제 성립 이전의 종교전쟁처럼 적의 철저한 말살을 도모하는 섬멸전, 즉 폭력행사가 끝없이 증대되는 '내전' 상황이 바야흐로 세계 규모로 발생할지도 모르는 것이었다. 슈미트에 의하면 두 차례의 세계대전이란 확실히 그러한 '세계 내전'으로 자리매김한 전쟁에 다름 아니었던 것이다.

앞에서도 확인한 것처럼 이러한 슈미트의 논의는 여전히 유럽 중심주의적이라고 말하지 않을 수 없다. 유럽이 팽창한 끝에 스스로 포화 상태에 도달해 붕괴한다는 구조를 상정하고 있는 한 세계사의 주체는 어디까지나 유럽이고, 비유럽 세계는 유럽 중심적인 세계사의 단순한 객체에 지나지 않기 때문이다. 그렇지만 주권국가체계가 세계적으로 확대된 결과 오히려 어떤 종(種)이 폐색상황으로 내쫓기게 된다는 시대 진단은 근대세계체제의 20세기적인 변용을 그 나름대로 포착하고 있는 것이다. 주권국가체계가 슈미트의 말처럼 유럽이라는 영역성과 불가분한 것인지 어떤지는 유보할 필요가 있지만, 적어도 이 체제가 기능부전에 빠져 글로벌한 규모에서 내전 상황(폭력의 무한 증대)이 초래된다는 것 자체는 20세기의 엄연한 현실로 받아들이지 않을 수 없을 것이다.

더군다나 이러한 '세계 내전'을 수행하는 주체는 여전히 주권국가이고, 좀 더 한정해 말하면 주권자를 국민으로 하는 국민국가였다. 20세기의 세계전쟁은 국민국가들의 끝없는 폭력의 응수로 수행되었던 것이다. 또는 국민국가에 원래부터 포함되어 있던 강제적 균질화와 총동원이라는 계기가 세계전쟁을 통해서 극대화되었다고 생각하면, 근대 국민국가는 오히려 이 세계전쟁에 의해 완성된 것이라고도 말할 수 있을 것이다. 그렇다면 슈미트가 주권국가체계에서 폐색의 단적인 현상으로 자리매김한 20세기의 세계전쟁은, 곧 근대 국민국가를 총력전국가로 완성시킨 계기였다고 할 수 있다. 즉 주권국가체계가 포화 상태에 달해 한정전쟁의 룰이 기능부전으로 빠져들었음에도 불구하고 이 체계의 구성요소(국민국가)는 이전 이상으로 순화된 형태로 계속해서 나타났다는 것이다.

여기에는 확실히 기묘한 비틀림이 존재한다. 그러나 국민국가 또한 이때 모든 붕괴의 조짐을 품고 있었던 것은 아닐까. 그렇기 때문에 '국민'을 축으로 한 포섭-배제 운동을 내장한 총력전체제는 오히려 강고하게 작동되었고, 역으로 그러한 포섭-배제 운동이 강해지면 강해질수록 국민국가에 내장되어 있던 원리적 모순이 한층 더 알력을 심화하면서 표면화되었던 것은 아닐까. 20세기의 세계전쟁이 국민국가 원리를 극한까지

밀어붙인 것이야말로, 오히려 이 원리를 포화, 붕괴시키게 되었던 것은 아닌가. 이것은 아렌트가 『전체주의의 기원』에서 제기한 물음이기도 하다. 그녀가 제1차 세계대전 후 유럽에서 본 것은, 국민국가가 서구 이외의 국가들에 새롭게 도입됨과 동시에 붕괴의 길을 걷는다는 지극히 역설적인 사태였기 때문이다.

앞서 확인했듯이, 예컨대 중부 · 동부 유럽과 같이 민족적 귀속과 영토적 귀속이 복잡하게 교차하고 있는 다민족 혼재 지역에서는 '민족-영토-국가'를 삼위일체로 하는 국민국가의 원리가 저절로 파탄 나지 않을 수 없다는 것이 아렌트의 기본적인 생각이었다. 사실 제1차 세계대전 후의 중부 · 동부 유럽에서 이전에 다민족을 통솔하고 있던 제국(오스트리아=헝가리—제국)이 붕괴하고, 이 지역에 서구적인 국민국가가 도입되었을 때 국민국가가 원래 품고 있던 원리적인 모순은 단숨에 표면화된다. 즉 '국민'과 '국가' 사이에 민족적 동질성과 보편적 인권 사이의 위험한 균형 위에 성립했던 '국민-국가' 원리가 다민족 혼재 지역에서는, 민족적으로 동질적인 공간에서 초과된 민족적 마이너리티를 억압 · 배제하게 되어 결국 인권이 보장되지 않는 난민 · 무국적자를 대량으로 양산하게 된 것이다. 여기서 아렌트는 국민국가의 기능부전의 조짐을 간파했던 것이다.

아렌트가 볼 때 이러한 국민국가 원리가 붕괴된 계기는 유럽 국가들의 제국주의적인 확장이었다. 국민국가 원리와 제국주의 원리는 틀림없이 정면에서 대립할 수밖에 없기 때문이다. 아렌트에 의하면 국민국가는 원래 "처음부터 **동질적** 주민과 정부에 대한 주민의 동의(르낭의 말 '매일매일의 인민투표')를 전제로 하고 있다."(강조는 인용자) 따라서 국민국가가 제국주의적으로 팽창하여 **이질적인** 주민을 포섭하려고 하면, 그들에 대해 '동화'와 '압제'를 강제하지 않을 수 없다. 일찍이 제국(帝國)과 같이 다민족을 포섭한 단일 정체를 건설하려고 하면 성원의 동질성을 제외하면 안 될 것이지만, 국민국가는 원리상 동질성을 불가결한 요소로 삼고 있기 때문에 그 역시 불가능하다. 게다가 국민국가가 무리하게 이질적인 주민을 억압하면 오히려 그들의 민족의식에 불을 지피게 되어 동질성은 더욱 달성하기 어렵게 된다. 이러한 제국주의적인 팽창은 국민국가 붕괴의 계기가 되는 것이다.

그렇지만 이러한 국민국가/제국주의라는 이분법이 어디까지나 원리 차원의 이념형인 것임을 주의해야 할 것이다. 20세기 세계전쟁에서는 예를 들어, 대동아공영권이라는 광역의 내부에서 '제**국**신**민**'으로의 동원이 강제적으로 시행되었던 것과 같이 **제국주의적으로 확장된 국민국가**가 총력전을 수행하는 주체가 되었기 때문이다. 물론 본래 의미에서의 국민국가의 요건은 이미 그때 붕괴하고 있다고 해야 할지도 모른다. 때문에 아렌트의 말처럼 국민국가는 쇠퇴할 수밖에 없고, 국민국가 원리를 근저에서 배반하는 듯한 존재자—난민 · 무국적자를 양산하지 않을 수 없었던 것이다. 그러나 관점을 바꾸면 국민국가 원리가 이렇게 흔들리고 있었기 때문에 오히려 제국이라는 광역권이 국민국가의 균열을 메우는 것으로서 요청되고, 국민국가는 외관을 새로이 하여 등장했다고도 말할 수 있다. 제국주의가 국민국가를 폐색시켜 그 변용을 다그친 결과, 오히려 국민국가는 '국민'에의 동원의 압력을 한층 강요, 광역권으로 '국민'의 외연을 확대해갔던 것은 아닌가 하는 것이다. 20세기 세계전쟁이 식민지를 포함한 제국주의 국가가 수행한 '국민'의 총력전이었음은 그것을 단적으로 보여준다. 아렌트와 슈미트의 논의가 어디까지 타당한지는 보류해두더라도 제국주의가 19세기까지의 근대세계체제에 커다란 변용을 가져왔음은 틀림없다.

3 한정전쟁에서 절대전쟁으로

지금까지 슈미트와 아렌트의 논의에 입각해서 살펴본 것처럼, 일정의 경계선에 둘러싸인 균질한 영역성이라는 상정은 근대정치의 문법을 근저에서 지탱하는 하나의 주춧돌이었다. 그러한 균질한 영역성을 확립·유지하기 위해 내부와 외부를 구별하는 포섭-배제의 폭력이 근대세계에서 반복적으로 행사되어왔던 것이다. 경계선이 그어짐에 따라서 근대성의 폭력이 발동해왔고, 그런 의미에서 영역성은 그러한 폭력을 가능하게 한 불가결한 조건으로 기능해온 것이다. 그런데 제국주의는 그러한 영역성의 구조를 이른바 내측에서 붕괴시킨다. 근대세계 속에서 행사되어온 폭력의 모습도 이와 함께 어느 정도 변질될 수밖에 없다. 슈미트의 경우는 그것을 한정전쟁에서 절대전쟁으로라는 도식으로 포착하려고 했다. 즉 주권국가체계 내부에서 기능하고 있던 한정전쟁의 룰이 해제되어, 전쟁의 모습이 적의 섬멸을 노린 절대전쟁으로 변모해간다는 것이다.

이러한 전쟁의 절대화를 추진시킨 하나의 요인으로 슈미트는 전쟁의 범죄화라는 계기를 들고 있다. 슈미트에 의하면 주권국가체계가 유효하게 기능하고 있는 한, 전쟁은 도의적으로 견책되어 범죄 따위는 전혀 없다. 적국은 어디까지나 정당하게 승인된 적, 즉 '정당한 적'이고, 따라서 주권국가체계하에서 수행되는 전쟁은 룰에 입각한 '정전(正戰)'—정당한 전쟁—에 다름 아니기 때문이다. 그런데 제1차 세계대전에서는 베르사유조약(1919년), 제네바의정서(1924년), 부전조약(1928년) 등의 일련의 국제협정을 통해서 공격전쟁 · 침략전쟁을 범죄로 간주하게 되었다. 즉 '정의의 전쟁'과 '부정한 전쟁'이라는 이항대립적인 관념이 생겨나 공격 전쟁을 건 '부정한 적'은 처벌되어야 한다는 것이다. 이렇게 '부정한 전쟁'을 범죄화함으로써 전쟁의 폐절을 목표로 하려는 것이 국제협정의 일련의 의도였다. 그러나 슈미트가 볼 때 이러한 조치가 전쟁에 제동을 거는 것은 아니었다. 그뿐만 아니라 도덕적으로 정당하지 않은 적은 철저한 섬멸의 대상이 되기 때문에 '정의의 전쟁'은 어쩔 수 없이 절대전쟁이 되지 않을 수 없다. 즉 '정의의 전쟁'과 '부정한 전쟁'이라는 대쌍 관념은 오히려 폭력 행사를 무한 증대시킨다는 것이다.

이러한 슈미트의 분석은 '정의'의 이름 아래 수행된 폭력에 각인된 역설을 날카롭게 파헤치고 있다고 해도 좋다. 주권국가체계가 슈미트가 생각한 것만큼 이상적인 시스템인가 아닌가는 보류해두더라도 적이 이렇게 도덕적인 의미에서 절대악으로 간주될 때 그러한 '부정한 적'과의 전쟁은 절대화되지 않을 수 없고, '부정한 적'의 섬멸을 목표로 한 전쟁이 아무리 정의에 부합하더라도 거기서 발휘된 폭력이 지극히 잔학한 성격을 띠게 되는 것도 피할 수 없을 것이다. 게다가 이때 '정의'가 정말로 '정의'에 부합하는지에 대한 여부는 궁극적으로 판정 불가능한 물음이기도 하다. 그러한 정·부정의 판단은 그때그때의 상황 속에서 결정될 수밖에 없고, 그렇다면 '힘은 정의다'라는 격언이 말하는 것처럼 그때그때의 힘 관계에서 정·부정이 결정되어버릴지도 모른다. 정의와 힘의 뒤얽힘을 둘러싼 고전적인 문제가 여기서 새삼스럽게 부상한다. 예를 들어 17세기의 사상가 파스칼은 다음과 같은 구절을 남기고 있다.

> 올바른 자를 따르는 것은 옳은 일이고, 가장 강한 자를 따르는 것은 필요한 일이다.
> 힘이 없는 정의는 무력하고, 정의 없는 힘은 압도적이다.
> 힘이 없는 정의는 즉시 반대를 당한다. 왜냐하면 악한 자는 항상 있기 때문이다. 정의 없는 힘은 비난을 당한다. 따라서 정의와 힘은 함께 갖춰야 한다. 그러기 위해서는 올바른 자가 강해지든지, 강한 자가 올바르게 되어야 한다.
> 정의는 논의되기 쉽다. 힘은 상당히 뚜렷하기 때문에 논의되지 않는다. 그렇기 때문에 지금까지 정의에 힘을 부여하는 일

은 가능하지 않았다. 왜냐하면 힘은 정의에 반론하여, "정의 따위 옳지 않고, 옳은 것은 나다"라고 말했기 때문이다.
그리하여 인간은 옳은 것을 강하게 하지 못했기 때문에, 강한 것을 옳은 것으로 간주한 것이다.

—『팡세』, 1669, 브랑슈비크 판, 단장 298

여기에서의 '정의'와 '힘'의 관계는 언뜻 보기에 대칭적인 이항대립 도식처럼 보인다. 파스칼은 "힘이 없는 정의는 무력하고, 정의 없는 힘은 압도적이"기 때문에 "정의와 힘은 함께 갖춰야 한다"고 말한다. 이 세계에서 '정의'가 실현되기 위해서는 '정의'와 '힘'이 서로 교환되어, "올바른 자가 강해지든지, 강한 자가 올바르게" 되는 일이 필요하다는 것이다. 그런데 파스칼에 의하면 이 이항관계라는 것이 반드시 대칭적이지는 않다. 무엇을 '정의'로 하는가는 "논의되기 쉽다"는 데 반해, '힘'이 강력하다고 하는 것은 "논의되기 어렵다"는 것이 명명백백하기 때문이다. 그리하여 파스칼은 최종적으로 "힘이 정의"라는 논리에 겨우 도달한다. 복수의 '정의'가 병립하고, 어떤 쪽이 정말로 '정의'에 필적하고 있는지가 "논의되기 쉽"게 되는 세계, 바꿔 말하면 '신들의 전쟁'(막스 베버, 『직업으로서의 학문』, 1919)이 계속 확장되는 세계에서 '정의'를 최종적으로 결정하는 것은 '힘'의 논리가 되지 않을 수 없다는 것이다.

물론 이때 '정의'를 표방하는 '힘'이 정말로 '정의'에 필적하고 있다고는 할 수 없다. 심지어 파스칼이 볼 때 '정의'를 궁극적으로 기초 짓기 불가능한 이상, '힘'을 지탱하는 '정의'도 역시 "논의되기 쉽다"는 것을 면하지 못할 것이다. 그럼에도 불구하고 '힘'은 "논의되기 어렵"고 강력한 것이기 때문에 '정의'를 표방하는 것이 가능하고 또 실제로 그렇게 되어버린다. 반대로 말하면, 어떠한 '정의'라도 실은 '힘'에 의한 행위수행적(performative)인 선언—"옳은 것은 나다"—에 의해 지탱되는 것이다. 그러한 의미에서 파스칼이 '힘'의 지배를 소박하게 긍정하고 있었던 것은 결코 아니다. 오히려 현세적인 '정의'가 '힘'의 논리에 의거하지 않을 수 없는 한 실제로는 결코 '정의'에 필적할 수 없다는 것, 이것을 파스칼은 밝은 눈초리로 파악하려 했던 것이라고 할 수 있다.

프랑스 절대왕정의 전성기를 살았던 파스칼의 시대 경험이 많든 적든 여기에 그림자를 드리우고 있음에 틀림없다. 왕권에 대한 반란도 강대한 무력에 의해 진압되어가는 경위를 지켜본 파스칼은 현세적인 '정의'가 '힘'의 논리로 회수되는 현실을 냉정하게 받아들이지 않을 수 없었다. 그래서 그러한 '힘'의 논리가 포함되어버린 아포리아에 대한 사고를 되풀이했던 것이다.

한편, 슈미트가 제1차 세계대전 후의 세계에서 파악했던 것은 파스칼이 그 성립과정에서 마주친 주권국가체계가 확실하게 눈앞에서 붕괴되고 있는 사태였다. '정의'가 병립하고 서로 맞부딪치는 와중에 폭력행사가 불가항력적으로 무한 증대해간 세계—그러한 세계를 전제로 하는 한, 예컨대 '부정한 적'의 일소를 도모하려고 해도, 그러한 정·부정의 구별 자체가 '힘'의 논리에 의거하지 않을 수 없는 이상, 다시금 '만인의 만인에 대한 투쟁'으로 빠져버리는 것은 피할 수 없다. 전쟁 폐절을 건 절대평화주의에 늘 따라다니는 이러한 역설을 슈미트는 파스칼과 같이 냉철하게 분석했던 것이다. 어쨌든 주권국가체계(유럽 공법)의 수호자 슈미트로부터 보면, 근대세계의 영역성의 구조가 결정적으로 변용한 20세기는 절대전쟁의 세기로서 그 서막을 열지 않을 수 없었던 것이다.

한편, 전쟁의 세기로서 20세기는 동시에 테크놀로지의 세기이기도 하다. 20세기 전쟁은 정의와 힘의 뒤얽힘만이 아니라, 폭력과 테크놀로지의 뒤얽힘이라는 측면에서도 고찰할 필요가 있는 것이다. 슈미트의 분석은 이 점에 대해서도 예리함을 보여주고 있다. 그는 절대전쟁을 가능하게 한 또 하나의 조건으로 테크놀로지의 혁신에 의해 공중 폭격이 등장한 것을 든다. 이제껏 전쟁은 영역성이라는 조건 아래서 수행되어왔다. 영토 획득이야말로 전쟁의 가장 중요한 요소이고, 새롭게 점령한 토지와 주민을 지배하에 통치하는 일이 목표가 되었다. 즉 종래의 전쟁에서는 영토를 획득하여 주민을 통치하는 일이 관건이었다. 하지만 테크놀로지의 혁신에 의해 공중 폭격이 가능해지면 이러한 전쟁의 성질도 일변한다. 게르니카와 드레스텐에서의 폭격처럼 하나의 도시를 하룻밤에 초토화하는 일이 가능한 공중 폭격의 경우, 그 토지에 거주하는 '인간'을 살게 하여 지배하는 일은 이제 문제가 되지 않는다. 슈미트에 따르면 오히려 "공중 폭격은 섬멸이라는 의미와 목적밖에 없다"는 것이다. 이러한 공중 폭격이라는 새로운 전쟁테크놀로지의 등장은 전쟁의 절대화를 추진하는 계기가 된다. 그것은 전쟁을 수행하는 인간의 의지를 이미 넘어서 있다. 즉 인간이 섬멸을 의도하든 하지 않든 이미 테크놀로지가 그것을 실현시켜버린다는 것이다.

이렇게 보면 20세기의 세계전쟁은 근대정치의 패러다임을 결정적으로 갱신한 성격을 지닌다. 이미 살펴본 것처럼 근대정치의 문법 형식을 만든 것은 첫째, '인간'이라는 주체이고 둘째, '영역성'이라는 계기였다. 국민국가(주권국가)라는 의제도, 그 집합체로서의 국민국가체계도, 모두 이 '인간'과 '영역성'

을 불가결한 조건으로 성립되었던 것이다. 클라우제비츠가 전쟁을 정치의 수단으로 간주한 것도 이러한 근대정치의 문법을 전제했기 때문이다. 그런데 제국주의는 '영역성'이라는 조건을 서서히 무너뜨려간다. 게다가 테크놀로지의 혁신은 '인간'과 '영역성'을 압도적인 차원에서 초과해나간다. 그리하여 클라우제비츠의 명제는 전도된다. "정치란 별도의 수단에 의한 전쟁의 계속이다." 전쟁이란 이미 영토 통치를 둘러싼 정치의 수단으로서 인간이 통제할 수 있는 것이 사라지고, 이른바 '힘'이 주어가 된 세계가 전경화된 것이다.

3장 탈영역화와 재영역화
-글로벌화와 폭력

1 식민지주의와 하이브리드화

전쟁의 종언—앞 장에서 살펴본 슈미트의 논의를 한마디로 요약하면 이렇게 말할 수 있을 것이다. 주권국가들이 룰을 준수하면서 대치하는 근대적인 전쟁의 패러다임이 붕괴되고 '힘'과 '힘'이 서로 '정의'를 표방하면서 폭력행사를 끝없이 증대시켜가는 세계. 그리고 '만인의 만인에 대한 투쟁'이 특정 영역을 넘어서 세계로 넓어지는 '세계 내전'적 상황. 사실 두 차례의 세계대전이 초래한 미증유의 살육의 질과 양을 생각하면, 이러한 슈미트의 시대진단은 틀림없이 20세기 폭력의 양상을 선명하게 드러내 보인다. 전통적으로 전쟁이라고 지칭된 것과 질적으로 다른 전쟁, 확실히 절대전쟁이라고밖에 표현할 수 없는 섬멸 전쟁이 문자 그대로 세계를 뒤덮었던 상황이 20세기 세계전쟁이었던 것이다.

지금까지 일정 정도 유보하면서 슈미트의 논의를 받아들였던 것처럼, 그의 주장을 전면적으로 수용할 수는 없다. 슈미트의 분석 장치는 틀림없이 현실의 어떤 측면을 날카롭게 파헤치고 있지만, 역으로 현실의 다른 측면을 사상함으로써 가능했던 것이기도 하다. 사실 유럽/비유럽을 문명/야만이라는 이항대립으로 파악하려는 슈미트의 도식이 노골적으로 유럽 중심주의적인 관점인 것은 새삼스레 말할 필요도 없다. 그러나 정말로 물어야 할 것은 이러한 관점을 근저에서 지탱하고 있는 슈미트의 사고, 즉 '유럽'이라는 영역을 하나의 실체적인 존재물로 간주하는 사고의 구조인 것이다.

슈미트로부터 도출하면, 사람들의 사고와 행동을 규정하는 규범은 실은 구체적인 생활공간 속에서 역사적으로 양성된 것이고, 그리하여 대지의 규범(nomos)과 밀접하게 관계되어 있다. 그렇기 때문에 슈미트에게 '유럽'이라는 공간은 문자 그대로 '유럽' 고유의 규범을 기르는 토양이었다. '유럽 공법'이라는 규범이 정말로 기능하기 위해서는 이러한 의미의 '유럽'이라는 영역성이 확보되지 않으면 안 되는 것이다. 그러나 '유럽'이라는 영역성이 완전히 순수한 것으로 성립했던 적이 있었을까. 오히려 '유럽'이란 콜럼버스가 '비유럽'을 '발견'했을 때 처음으로 비유럽과 구별된 공간으로 '발견'된 것은 아닐까. 물론 그때에도 '유럽'이라는 지명은 존재하고 있었다. 그러나 '유럽'이 단순히 지명 이상의 의미를 획득한 것은 역시 '야만으로서의 비유럽'이 조정(措定)되었을 때이다. '유럽'은 '비유럽'을 비추는 거울로서 이를테면 사후적으로 상상된 것이다. '신대륙의 발견'이란 실은 '유럽의 발견'이기도 했던 것이다.

슈미트가 간과하고 있는 것은 이러한 '유럽'이라는 공간의 상상적(imaginary)인 성격이다. '유럽'은 어디까지나 '비유럽'의 거울로 상상된 공간임에도 불구하고, '비유럽'을 '발견'한 주체로 실체화되어간다. 이렇게 유럽이 세계사의 주체로 조정되고 객체인 비유럽 세계를 지배한다는 구도가 정당화되었던 것이다. 물론 슈미트는 '유럽'의 분별없는 팽창이 오히려 '유럽'의 자괴로 이어진다고 말하지만, 이러한 자기 붕괴의 이야기가 여전히 유럽을 주체로 하는 세계사인 한, 슈미트의 논의는 일관되게 유럽 중심주의적이라고 말할 수 있을 것이다. 어쨌든 슈미트의 유럽 중심주의적인 발상을 근저에서 지탱하고 있었던 것은 '유럽'이라는 단일한 구조를 한데 묶는 일이 가능한 균질한 문화적 단위가 존재한다는 상정이었다.

실제로 슈미트는 완고하게 이러한 순수한 '유럽'이라는 공간을 계속 고집했다. 그렇기 때문에 유럽에 의한 제국주의적 확장도 순수성을 훼손시키는 사태라고 부정적으로 간주했던 것이다. 더욱이 슈미트는 제국주의에 의해 문화의 잡종화 · 혼성화가 추진된다고 생각한 것은 아니었다. 슈미트에 따르면 문화 · 규범은 어디까지나 특정한 대지에 뿌리박힌 것이기에 아무리 제국주의적인 영토 확장이 진행되어도 서로 다른 대지에 기초한 문화 · 규범은 영원히 섞이지 않는다. 슈미트가 물리치려 한 것은 어디까지나 서로 다른 문화 · 규범을 단일한 구조로 묶으려고 하는 시도의 무모함이지, 문화의 혼성화라는 사태를 상정하고 있었던 것은 결코 아니다. 애당초 하이브리드적인 문화란 있을 수 없다는 것이 슈미트의 논의에서 전제되고 있는 것이다.

그렇지만 문화라는 것은 슈미트가 생각한 것처럼 특정한 영역 내부에서 완결된 단일하고 균질적인 것, 일정불변한 것으로 존재할 수 없다. '유럽'이라는 공간이 상상적인 것이었던 것처럼, 순수한 문화적 동일성이 존재한다는 것 자체가 상상된 것에 지나지 않는다고 해야 할 것이다. 일찍이 베네딕트 앤더슨은 '국민'을 '이미지로서 마음에 그려진 상상의 정치공동체'로 정의했지만(『상상의 공동체』, 1983), 이러한 논의에 입각해 보면 과거 · 현재 · 미래를 통해 존속된 순수한 문화적 동일성이라는 관념은 어디까지나 상상된 것임에 틀림없다. '유럽'이든 '오리엔트'든 '일본'이든, 이것은 모두 상상적이라는 것이다. 예를 들어 순수한 '영국성'이라는 문화적 동일성이 일찍이 정말로 존재했던 적이 있었을까. 스튜어트 홀은 다음과 같이 말한다. "이른바 '영국성'이 하나의 국민 문화로 균질하다는 것은 이제껏 매우 과장되어왔다. 그러나 균질성은 언제나 스코트랜드적인 것 · 웨일스적인 것 · 아일랜드적인 것에 의해 반박되고, 동등하게 서로 경쟁하는 지방 · 지역별 귀속의식에 의해 이의 제기를 받고, 복수의 계급 · 젠더 · 세대에 의해 균열되어왔다. '영국적'이라는 것은 다수의 다른 존재 방식이 항상 존재해온 것이다."(「결론—다-문화적인 물음」, 2000)

여기서 홀도 지적하고 있는 것처럼, '영국성'이라는 것은 다양한 차원에서 복잡하게 얽혀 있는 요소로부터 성립한 것이고, 그 균질성 · 순수성 · 불변성을 소박하게 상정하는 것은 도저히 불가능하다. 홀은 '영국성'의 **균질성**이 지금까지 **과장**되어왔다고 서술하고 있지만, '영국성' **그것**이 실재하지 않는 **환상**이라고 주장하는 것은 아니다. "영국은 근대 최대의 **제국**(imperium)의 중심이며 그 속에는 다종다양한 문화가 통치되어왔다. (……) 이러한 '차이'와의 교류가 대부분 중단되지 않고 계속되었지만, 지속적인 교류야말로 식민지화의 핵심이고,

이것에 의해 '타자'가 영국적 동일성에 불가결한 요소로 편성되었던 것이다." 즉 '영국성'은 상상되었던 것이라 해도 단순한 환상이 아니라 오히려 근대의 식민지주의 · 제국주의의 산물로 혼동되지 않는 실재적인 것이다. 다만 그것은 결코 순수하게 균질한 것은 아니다. 식민지화의 과정에서 문화의 '교류(intercourse)'가 진행되고, 그러한 혼성적인 문화가 '영국성'의 내실을 형성시켜온 것이다.

처음부터 이러한 하이브리드적인 문화 속에서 복수의 요소가 평화적으로 융합되어 조화롭게 존재하는 것은 아니다. 식민지화 과정에서 형성되어온 혼성적인 문화의 실상을 결정적으로 규정하는 것은 단연코 서구 국가들에 의한 폭력적인 지배이다. 서구 열강은 '야만'인 비유럽을 '문명'화한다는 형상을 취하면서 언어에서 사회제도에 이르는 다양한 차원에서 식민지 문화에 개입하고, 주민 한 사람 한 사람을 충실한 '제국신민'으로 강제적으로 균질화하고 동원해갔던 것이다. 제국의 판도에서 실현된 하이브리드적인 문화의 실상은 무엇보다도 먼저 '유럽'에 의한 '비유럽'의—더욱이 '근대일본'에 의한 '아시아'의—폭력적 영유의 흔적이 선명하게 아로새겨져 있다고 말해야 할 것이다.

그렇지만 문화 지도는 척력과 인력이 서로 싸우는 '힘의 장'

이기도 하다. 마르크스가 말한 '자본의 문명화 작용'이 아무리 강력한 것이라고 해도, 그것으로의 반작용 또한 싫든 좋든 생기지 않을 수 없다. 예를 들어 아무리 종주국의 언어 사용이 식민지에서 강제되었다고 해도 피식민자의 일상 언어의 실상이 반드시 '표준'적인 문법과 어휘에 충실했다고는 할 수 없다. 오히려 피식민자가 일상적인 장면에서 사용한 종주국의 언어 속에 원래 현지어의 문법과 어휘가 변형되거나 혼동되어, 제국의 표준어에서 미묘하게 벗어나는 제3의 언어라고도 말할 수 있는 혼종어가 생겨나기도 했던 것이다. 그러나 피식민자는 제국의 인적 자원으로 동원되어 본국으로 보내지기도 했기 때문에, 이러한 하이브리드는 싫든 좋든 확대되어간다. 실제로 제2차 세계대전 후, 긴 식민지 지배의 종지부를 찍은 뒤에도 여전히 이전의 피식민자가 구종주국의 심장부에 정주하는 것 속에서 이러한 혼성적인 언어 또한 제국의 문화에 침윤되어간다. 홀이 영국에 근거하여 지적한 것처럼, "'타자'가 영국적 동일성에서 불가결한 요소로 편성되었던" 것이다. 근대 식민지주의 · 제국주의가 초래한 것은 단지 정복자에 의한 물리적인 살육과 경제적인 수탈과 문화적인 영유라는 일방적인 폭력만이 아니라, 이른바 저항의 벡터를 내포한 혼성적인 문화이기도 했던 것이다.

물론 이러한 하이브리드화의 과정이 피식민자 측에게 참기 어려운 폭력적인 것이었음은 틀림없다. 자신들을 부당하게 억압하기 때문에 부정하고 극복해야 할 대상인 지배자의 문화는 자신의 사고에 깊숙이 박혀 있고, 그것을 쉽게 떨쳐버리거나 망각하는 것도 불가능하다. 그렇기는커녕 학대당한 자신의 처지에서 벗어나기 위해 '유럽인'이 되고 싶다는 욕망조차 생겨난다. 말하자면 '하얀 가면'을 쓰고 '검은 피부'를 은폐하고 싶다는 도착된 욕망을 피식민자 자신이 품게 된다는 것이다(프란츠 파농, 『검은 피부 하얀 가면』, 1952). '제국신민'으로의 동일화를 강제하는 폭력은 그만큼 강력했다고 해야 할 것이다. 식민지주의의 폭력은 이러한 분열된 정신 상황 속으로 피식민자를 몰아넣으면서 실로 물리적인 폭력 이상으로 심각한 형태를 띠고 지속적으로—식민지 지배가 철폐되어도 여전히—재생산되었던 것이다.

2 글로벌화와 탈영역화

결국 슈미트에게 결정적으로 결여되어 있었던 것은 이러한 하이브리드적인 문화에 대한 시선이다. '유럽 공법'의 수호자 슈미트에게 유럽/비유럽의 경계선은 본질적인 것이고, 양자가 섞이는 일은 있을 수 없는 것이었다. 다시 말해 유럽과 비유럽 사이에 그어진 문명/야만의 경계선이란, 문명인/야만인이라는 경계선이고 더 노골적으로 말해 인간/비인간이라는 경계선이었다. "절대적 인간성이라는 의미로서의 인간에게 동일한 개념의 다른 측면인 새로운 적, 즉 **비인간**이 나타난다." 요컨대 슈미트에 따르면 유럽 근대의 인간주의는 비유럽인을 '비인간'으로 분류하는 것으로 성립하고, 보편적인 인간 해방의 이념을 건 인간주의가 실은 '비인간'을 불가결한 요건으로 삼고 있다는 것이다. 그러므로 인간주의(humanism)란 인종주의(racism)라고 말해야 한다. 게다가 슈미트는 이를 인지하여 '유럽 공법'에 따라 **인도적**인 전쟁을 옹호하려고 한 것이기 때문에 확고한 인종주의자였다고도 할 수 있다.

물론 이러한 슈미트의 문화 본질주의와 인종주의적 사고를 그대로 인정하는 것은 도저히 불가능하다. 그러나 앞에서도 지적했듯이 슈미트의 사상은 노골적으로 유럽 중심주의적이기에 오히려 서구근대의 사고의 핵심을 선명하게 보여주기도 한다. 슈미트의 논의에 의하면, 인간주의를 상정하는 '인간'이라는 카테고리는 실제로 '비인간'이라는 대쌍 개념 없이는 성립되지 않는다. 요컨대 보편성을 표방하는 인간주의는 '인간'

관념을 인간/비인간으로 분할하는 것이고, 따라서 '인간'이란 실제하는 보편적 카테고리로 존재할 수 없는 것이다. 서구근대의 인간주의는 이른바 스스로를 배반하는 형태로 유럽 중심주의적인 인종주의로 해소되어야 했던 것이다. 여기에는 틀림없이 서구근대의 인간주의의 역설과 한계가 뚜렷이 새겨져 있다고 말해도 좋을 것이다.

그러나 '인간'이라는 주체와 '영역성'이라는 계기를 결합하는 사고가 슈미트의 논의에서 근대 주권국가 · 국민국가를 근저에서 지탱하는 전제였다는 점은 이미 살펴보았다. 아렌트에 의하면 근대 국민국가는 보편적인 '인간' 권리의 옹호를 내걸면서, 결국은 특정한 '국민'의 권리만을 보호하고 이를 초과하는 자는 난민 · 무국적자로서 방치해둔다. 20세기가 되어 공공연해진 국민국가의 이러한 한계는 실로 근대정치의 문법에 애당초 내재해 있던 원리적인 모순이 표면화된 것에 다름 아니라고 아렌트는 진단했다. 물론 『전체주의의 기원』에서의 분석은 어디까지나 유럽 내부에 한정되어 있다. 난민이 놓인 처지를 "유럽의 한복판에 있으면서 아프리카 대륙의 황야로 불행하게 쫓겨났던 것처럼"이라고 형용한 다소 간단한 기술에서도 보이듯 아렌트 자신이 반드시 식민지주의의 폭력에 민감했던 것은 아니다. 그러나 그녀가 도출한 근대 국민국가에 내재하는 포섭-배제의 폭력은 식민지주의의 폭력과 완전히 동형적인 논리구조를 갖고 있다고 해도 좋을 것이다. '인간'이라는 주체와 '영역성'이라는 계기에 의해 지탱된 근대정치의 문법은 내부와 외부를 나누는 경계선상에서 수많은 폭력을 낳을 수밖에 없었다.

그러나 앞장에서 살펴보았듯이 이러한 근대정치의 문법은 20세기에 들어서면 어쩔 수 없이 폐색된다. 아렌트와 슈미트의 논의에 입각해 말하면, 이제까지 근대세계를 지탱시켜온 영역성의 구조가 변용되어 주권국가 · 국민국가라는 구조가 기능부전에 빠지게 되었던 것이다. 물론 20세기란 국민국가라는 의제(擬制)가 유럽을 넘어 세계로 확대된 시대이기도 하다. 제2차 세계대전 후에 겨우 가능해진 아시아 · 아프리카의 식민지 독립도 현실적으로는 국민국가의 수립이라는 형태를 취했고, 지금은 국민국가의 수가 200개국 정도에 달하고 있다. 말하자면 지상은 대부분 국민국가의 모자이크로 뒤덮여 있는 것이다. 그러나 한편으로, 국경이 지닌 의미가 점점 줄어든다는 것도 20세기의 또 다른 현실이다. 애당초 근대세계체제에서 자본은 국경을 넘어 끝없이 운동해가지만, 이러한 자본의 특질은 20세기 후반, 특히 마지막 4반세기 이후가 되면 다국적기업이 국경을 넘는 활동이라는 형태로 보다 선명해진다. 즉 국민국가는 그 양적인 확대와 완전히 궤를 같이하며 질적인 무게를 상대적으로 저하시켜왔던 것이다.

이러한 추세가 결정적으로 표면화된 것은 역시 냉전구조가 붕괴된 1990년대 이후의 일이다. 제2차 세계대전 후 수십 년에 걸쳐 지속된 미소 대립 도식은 그 한 축인 사회주의권이 스스로 붕괴됨과 함께 사라짐에 따라 이른바 글로벌화가 가속화되었기 때문이다. 이 와중에 국경이 지닌 무게는 급속하게 낮아지고 있다. 실제로 NGO(비정부조직)를 비롯한 각종 비국가적 주체의 활동이 활발해져 이제는 국제관계가 국가 간의 관계만으로 말해질 수 없게 되었다. 근대정치의 기본적인 단위였던 주권국가 · 국민국가라는 구조는 서서히 쇠퇴되고, 정보테크놀로지의 비약적인 발전에 힘입어 바야흐로 세계 전체가 마치 국경을 초월하여 하나의 연쇄된 공간으로 출현하고 있다. 이전에는 영역성이라는 계기가 근대세계를 결정적으로 규정하고 있었다면, 현대세계는 말하자면 **탈영역화**되고 있는 것이다.

물론 세계적으로 연쇄된 공간이 지금 나타나지만, 그것은 이 세계가 균질하다는 것을 의미하지는 않는다. 무엇보다도 먼저 남북의 압도적인 빈부 격차는 지금도 해소되지 않고 오히려 확대, 심화되고 있는 것이 엄연한 사실이다. 글로벌화와 함께 경제적, 군사적으로도 비대칭적인 형태로 힘이 분배되고 불균형이 구조화되고 있는 것이다. 한편 앞에서 살펴본 것처럼, 문화의 하이브리드화가 균질화를 향한 움직임과 더불어 병행될 것이다. 식민지주의의 폭력이 확실히 혼성적인 문화로서 현재에도 여전히 흔적을 남기고 있는 것은 말할 것도 없지만, 예컨대 '문화산업'(호르크하르머 · 아도르노, 『계몽의 변증법』, 1944)이 압도적인 힘으로 세계에 침투되었다고 해도, 세계가 단일한 색으로 채색되는 사태는 불가능하다. 이 세계는 지배와 저항의 두 가지 벡터가 길항하면서 복잡하게 뒤얽혀 있기에 글로벌화에 따른 균질화의 압력이 강하게 작용하면 할수록 하이브리드화의 정도도 한층 더 깊어지지 않을 수 없기 때문이다.

그러나 이처럼 균질화와 혼성화, 지배와 저항이 복잡하게 뒤얽혀 있지만 탈영역화라고 불러야 할 사태가 글로벌화 아래 급속히 진행되고 있는 것은 부정할 수 없다. 비국가적 주체의 활동이 국경을 넘어서 활발해짐에 따라, 일찍이 주권국가 · 국민국가에 의해 독점되었던 폭력의 행사도 저절로 변질되지 않을 수 없다. 20세기 전반 두 차례의 세계전쟁이 '국민'의 총력전으로 수행되었던 것에 반해, 냉전 말기에는 민족 간, 종교상의 대립에서 비롯된 '새로운 전쟁'이 등장하게 된 것이다.

예를 들어 국제정치학자 메리 캘도어에 의하면, 1980년대에서 1990년대에 걸쳐 등장한 '새로운 전쟁'의 특징이란 무엇보다도 먼저, 글로벌화의 진전에 따라 국가에 의한 폭력의 독점이 무너지고 비국가적 주체가 국경을 넘어 폭력을 행사한다는 점이다. 게다가 '새로운 전쟁'에서는 첨단 테크놀로지가 많이 이용되어 교전은 회피되고, 일종의 게릴라전 전술이 이용된다. 그것은 '공포와 증오'를 낳아 주민을 컨트롤하는 것을 목표로 삼는다. 이것이 '새로운 전쟁'의 두 번째 특징이다. 더욱이 캘도어는 두 차례의 세계전쟁과 같이 종래의 전쟁경제가 중앙집권적 · 전체주의적 · 자급자족적이었던 것에 반해, 새로운 전쟁경제는 정확히 그것과는 정반대의 성격을 지닌다고 말한다. 전쟁에 모든 주민이 동원되지 않고, 전쟁 수행을 위한 자금은 때때로 외부의 지원에 의존하기 때문이다. 이러한 글로벌한 전쟁경제의 형태에서 캘도어는 '새로운 전쟁'의 세 번째 특징을 본 것이다(『신전쟁론』, 1990).

여기서 캘도어가 적확하게 지적하고 있는 것처럼 '새로운 전쟁'은 20세기 전반, 세계전쟁에서 특징적이었던 '총력전'의 성격을 보이지 않는다. 국경을 초월한 글로벌한 네트워크와 그것을 통한 자금조달. 첨단 테크놀로지의 이용. '공포와 증오'을 낳은 게릴라 전술. 이러한 특징을 인식하는 한, 2001년 9

월 11일 대미 동시다발 테러 등은 확실히 '새로운 전쟁'의 전형이었다고 해야 할 것이다. 일찍이 슈미트는 영역성의 구조 변용과 함께 주권국가체계가 기능부전에 빠져 '세계 내전'이 초래되었다고 분석했지만, 그 시점에서 내전의 담당자는 여전히 주권국가로 상정되고 있었다. 그렇지만 '새로운 전쟁'은 반드시 국가 간 싸움이 아니기 때문에 20세기 세계전쟁 이상으로 '내전'적인 성격을 더욱 강화하고 있다. 제2차 세계대전 직후에 슈미트가 본 '세계 내전'의 악몽이 당시 슈미트의 통찰을 넘어선 형태로 실현될지도 모르는 상태가 현재의 세계인 것이다.

3 재영역화와 폭력의 편재화

이러한 '새로운 전쟁'의 형태는 확실히 주권국가체계라는 영역성의 구조를 초월하고 있다. 주권국가라는 구조에서 폭력이 편재화되는 것이 근대정치와 전쟁을 지탱한 조건이었다면, 그러한 영역성의 구조가 해제된다는 것이 '새로운 전쟁'을 지탱하는 조건인 것이다. 그러한 의미에서 '새로운 전쟁'은 글로벌화에 따른 탈영역화의 움직임에 의해 야기되었다고 해도 좋을 것이다. 그렇지만 주권국가체계라는 구조가 흔들리기 시작한 것이 곧바로 영역성의 전면적인 해제를 의미하는 것인가 하면 반드시 그렇지는 않다. **탈영역화**의 움직임은 사실 주권국가와는 다른 차원에서 **재영역화**를 촉진시켰다고도 말할 수 있기 때문이다.

그러한 동향으로 우선 다문화주의적 운동의 확대를 들 수 있다. 글로벌화가 진전됨에 따라 이제까지 주권국가 · 국민국가에 의한 동질화의 압력에 의해 억눌렸던 문화적 차이가 새롭게 전경화되고, 그에 기반하여 집합적 아이덴티티의 승인을 요구하는 움직임이 각지에서 활발하게 일어난다. 그러나 이렇게 문화적 전통의 자율성을 인정하려는 시도는 국민국가를 하나의 동질적인 통합으로 간주하는 사고와 적어도 윤리적으로 상동적인 구조를 취해야 한다. 즉 여기서는 닫힌 영역성이 상정되는 것이다. 이러한 문화적 단위가 서로 대등한 관계로 병립한다는 것이 다문화주의의 기본 원칙이다. 그러나 이 원칙에서 생각해보면, 문화집단 사이에 가치적인 우열은 존재하지 않는 것이고(신들의 전쟁), 만일 집단 간에 항쟁이 생겨도 그것을 최종적으로 재정(裁定)하는 일은 가능하지 않기 때문에 이해가 결정적으로 충돌한 집단 사이에 폭력의 행사가 무한 증대할 가능성이 있다. 게다가 다문화주의에는 복수의 속성을 가질 수 있는 개인의 아이덴티티를 단일한 구조로 둘러쌀 위험도 늘 따라다닌다. 어쨌든 다문화주의가 만약 닫힌 영역성을 절대화시킨다면 이러한 사태를 지탱하는 원리가 될지도 모른다고 할 수 있다.

물론 다문화주의를 옹호하는 측에서도 항변이 있을 수 있다. 문화라는 것은 순수하게 불변하는 동일성을 지니고 있는 것이 아니라, 오히려 권력 관계 속에서 만들어진 인위적인 구축물일지도 모른다. 그러나 이렇게 구축된 사회적·문화적 환경 속에서 인간이 태어나 자기의 인생을 의미 있게 만드는 것도 엄연한 사실이기 때문에 피식민자가 '하얀 가면'을 욕망하게 되는 도착된 사태가 발생하기도 한다. 그렇다면 국민국가와 같은 허구의 공동성에 인간이 강제적으로 둘러싸이는 사태보다 고유의 언어와 전통을 갖는 개인의 아이덴티티 형성에 결정적인 의미를 갖는 '사회구성적(societal)인 문화'를 존중하고, 그러한 고유한 전통을 지닌 문화집단에 대해 국가가 자율적 권리를 인정하는 편이 훨씬 이치에 맞는 것이 아닐까—다문화주의가 의거하고 있는 것은 예컨대 이러한 논리라고 해도 좋을 것이다(윌 킴리카, 『다문화시대의 시민권』, 1995).

물론 이러한 논의를 지탱하고 있는 것은 문화의 하이브리드화를 초래한 근대세계의 구조적 폭력을 변혁해야 한다는 정당하고도 절실한 주장이다. 동시에 여기에는, 이러한 혼종성을 깨끗이 없애고 '출생'에 근거한 순수한 문화적 동일성을 손에 넣으려는 마음이 담겨 있다. 결국 국민국가와 '유럽 공법'이라는 닫힌 영역성을 확보하려는 태도는 단순히 동물적인 생명으로부터 구별된 인간, 야만적인 비인간과는 구별되는 순수한 인간으로서 자기를 확립하고 싶다는 욕망과도 논리적으로 상통한다. 문화의 혼종성에서 눈을 돌려버리는 슈미트와 같은 함정이 여기에도 있는 것이다. 어쨌든 다문화주의가 이렇게 순수한 문화적 동일성을 끝까지 고집한다면 국민국가에 내재하고 있는 포섭-배제의 폭력이 작동될지도 모른다.

한편, 이러한 다문화주의와 정확히 표리관계에 있는 것이 EU(유럽연합)와 ASEAN(동남아시아 국가연합)과 같이 주권국가·국민국가의 구조보다 큰 영역성의 확립을 추구하는 지역연합·지역통합의 움직임일 것이다. 특히 EU의 경우 미국의 힘이 두드러지게 커진 냉전 종결 후의 비대칭적인 국제사회의 구도 속에서, 그것에 대항하는 전략상의 필요 때문에 결합을 점점 더 강화하고 있다. 그러나 그러한 권력 정치적인 장면에서의 유효성 여부는 일단 제외해두자. 여기서 파악하고 싶은 것은 어디까지나 원리 차원에 입각해보는 한 이러한 움직임도 일정한 영역성으로의 지향을 강하게 갖는다는 것이다. 특히

EU의 경우는 '유럽 공법'의 부흥이라는 의미를 띠고 있기 때문에 더욱 간과할 수 없는 논점이 된다.

사실 EU의 가맹국이 중부 · 동부 유럽 제국으로까지 확대해 가던 중 터키에서 문호가 닫혔던 배경에는 '유럽'의 순수한 문화적 동일성에의 고집이 있었음을 부정할 수 없다. 다른 한편으로, 유럽에서는 제2차 세계대전 후 터키계를 비롯한 이민이 대량으로 유입되어, 적어도 경제적으로는 이러한 이민의 저임금노동 없이 꾸려나갈 수 없는 지경이 되었다. 말하자면 내부에 식민지를 포함한 형태로 현실의 '유럽'은 성립된 것이다. 그러한 **현실**의 하이브리드화를 회피하는 것으로 **이념**으로서의 순수한 '유럽'이 활동하려면 싫든 좋든 포섭-배제의 폭력이 작동하지 않을 수 없는 것이다. 터키 가맹을 둘러싼 EU의 대응은 이민 배척을 요구하는 목소리가 여전히 멈추지 않는 유럽사회의 현상을 여실히 비춰주고 있다고도 말할 수 있다. EU와 같은 지역연합의 시도가 주권국가 · 국민국가의 한계를 넘어서려는 적극적인 지향과 의미를 갖고 있음은 정당하게 평가되어야 하지만, 그것이 닫힌 영역성으로 향한다면 주권국가 · 국민국가의 경우와 같이 경계선상의 폭력을 재생산해버릴지도 모른다는 것을 부정할 수는 없다.

물론 이러한 재영역화의 움직임이 활성화된 것은 탈영역화에 의해 새로운 폭력적 사태가 초래되었기 때문임에 틀림없다. 월러스틴의 근대세계체제론에 의하면 글로벌한 자본의 운동이 정치 · 문화의 다극성과 대응하는 것처럼, 중핵지역 · 반변경 · 변경의 글로벌한 분업체제로 구조화되어 중핵지역에 의한 변경의 수탈이 체제로 편입된다. 탈영역화는 언뜻 보기에 이러한 근대 영역성의 구조에 종지부를 찍는 것처럼 보일지도 모른다. 그러나 실은, 중핵지역 · 반변경 · 변경이라는 수탈의 체제는 바야흐로 국경을 초월한 형태로 구조화되고 있는 것이 아닐까.

이미 살펴본 것처럼 영역 내의 주민을 강제적으로 균질화하는 것을 목표로 했던 국민국가의 구조 속에는 적어도 역내에 포섭된 주민에 대해서는 일정의 복지가 보장되고 있었다. 그렇지만 글로벌화의 진전과 함께 그러한 사회복지는 바야흐로 시장에 위임되어 국민국가 내부에서의 격차가 다시 벌어지고 있다. 신용카드를 가질 수 있는 자와 가질 수 없는 자, 정보테크놀로지를 활용할 수 있는 자와 할 수 없는 자 사이에 격차가 생겨 사회적으로 부적격하다고 낙인찍힌 사람들은 홈리스화되거나 다양한 시설로 격리 · 수용되어간다. 일찍이 국민국가의 내부와 외부가 나누어지고 경계선상에서 포섭-배제의 폭력이 작동되었다면, 바야흐로 그러한 경계는 국경과 관계없이 그어져 포섭-배제의 폭력은 문자 그대로 글로벌화되고 있는 것이다(이요타니 토시오, 『글로벌리제이션이란 무엇인가』, 2002).

이와 같이 탈영역화의 움직임이 새로운 포섭-배제의 폭력을 만들어내고, 언어와 습속에 기초한 문화적 단위도 그 구조에 편입되어갈지도 모른다. 그렇기 때문에 억압된 문화적 마이너리티를 보호해야 한다는 지극히 정당한 요구가 다문화주의자로부터 나오기도 하는 것이다. 그렇지만 그러한 주장이 혹시 닫힌 영역성으로 논의를 회수시켜버린다면 별도의 경계선의 폭력을 재생산할 위험이 있다. 즉 닫힌 영역성 내부와 외부를 나누는 폭력이 작동함과 함께 복수의 닫힌 영역성들 사이에서 폭력이 끝없는 응수를 불러들일지도 모른다는 것이다. 폭력이 탈영역화에 의해 주권국가의 관할에서 해방됨과 함께 재영역화에 의한 포섭-배제라는 다양한 차원으로 확산, 편재화될지도 모른다. 게다가 인간은 어떤 형태로든 영역성 속에서 살아가지 않을 수 없고, 경계선이 일체 존재하지 않는 유토피아를 상상하는 일도 불가능하다면, 이러한 폭력이 편재하는 세계를 어떻게 마주해야 하는 것일까.

이러한 물음을 생각할 때 하나의 단서가 될 수 있는 것이 '관용(tolerance)'라는 이념일 것이다. 그러나 그것은 원래 크리스트교적인 자애에서 유래한 개념이고, 그것에 한해 퍼터널리즘(부권적 온정주의)의 요소가 늘 따라다닌다. 즉 힘을 가진 메이저리티가 무력한 마이너리티에게 은혜를 베푼다는 수직적인 구도는 어떤 형태로든 남게 된다. 그러한 의미에서 관용은 비대칭적인 관계성을 전제로 하는 것이어서 관용의 허용범위를 결정하는 것은 어디까지나 메이저리티 측이 될 것이다. 그러므로 "자유의 적은 자유를 인정하지 않는다"라는 종류의 불관용이 관용의 논리에서 도출될 가능성도 결코 배제할 수 없다. 그렇다면 이것은 다문화적인 상황하에서 폭력을 마주하는 방식으로는 적절하다고 말하기 어려운 것이다.

그러나 하버마스는 그러한 문제점을 인정한 뒤에 관용이라는 관념의 가능성을 구출하려고 한다(하버마스 · 데리다 · 보라도리, 『테러 시대와 철학의 사명』, 2003). 하버마스에 의하면, "민주적인 공동체에서 시민은 서로 평등한 권리를 인정하는 것이고, 그러한 공동체 내부에서는 무엇을 관용해야 하는 것인가 하는 경계를 일방적으로 결정할 수 있는 권위가 존재할 여지는 전혀 없다"고 한다. 즉 특권적인 입장을 인정하지 않는 근대 자유민주주의의 이념에 따르는 한, 만약 억압당한 마이너리티가 있다고 해도 그러한 마이너리티로부터의 이의 제기가 그 공동체 내부의 부정을 제정하는 계기가 되고, 이러한 관용을 통해 만인에게 열린 평등한 세계로 일보 전진해가는 것이 가능하게 된다. 여기서 하버마스가 생각한 것은 일정한 영역성을 전제로 하면서도 그 내부에는 하이브리드적인 것을 적극적인 계기로서 수용해 가는, 미완의 프로젝트로서의 민주주의라 해야 할 이념인 것이다.

이러한 하버마스의 논의는 일정의 설득력을 지니고 있다. 타자를 경계선 외부로 배제하지 않고 오히려 타자와 함께 공동의 지평을 구축해가려는 것은 하이브리드적인 문화의 형태로부터 눈을 돌려버리는 슈미트적인 논의의 함정을 피하고 있기 때문이다. 그러나 여전히 문제는 남아 있다. 여기서 암묵적으로 전제되는 것은 서구 근대의 자유민주주의 이념이 보편적인 가치를 지닌다는 점이다. 그러나 이것이 실제로 보편적인 것으로 수용될 수 있을지는 확실하지 않다. 오히려 그러한 이념을 공유하지 않는 사람들이 존재하고 그러한 사람들—'자유의 적'?—로부터 이의 제기가 이루어지고 있는 것이 현상이다. 그 속에 하버마스와 같이 자유민주주의의 이념에 보편적인 가치를 부여한 뒤, 이른바 '적'을 '동지'로 편입하려는 시도 자체에는 어딘가 자문화 중심주의의 요소가 남아 있는 것은 아닐까.

그것에 대해 데리다는 '환대(hospitality)'라는 개념을 제출하고, 관용이란 조건부 환대에 지나지 않는다고 말한다. "순수한 무조건의 환대, 환대 그것은 생각하지 않은 사람과 초대하지 않은 사람, 완전히 낯선 방문자로서 도래한 사람, 누군지 모르는 사람과 예상도 할 수 없는 사람, 요컨대 절대적 타자에 대해 미리 열려 있거나 또는 계속 열려 있다는 것이다."(『테러 시대와 철학의 사명』) 데리다로부터 생각하면, 하버마스적인 관용의 구조에서 '타자'는 최종적으로 자신의 영역 내부에 통합되어야 할 존재일 수밖에 없기 때문에, 그러한 의미에서 '절대적 타자'라 할 수 없다. 반대로 말하면, 어떻게든 내부로 통합하는 것이 불가능한 '절대적 타자'는 여전히 배제된 채로 남게 된다. 오히려 중요한 것은 자신의 영역 내부에 그야말로 뛰어들어온 '절대적 타자'를 무조건적으로 맞아들이는 일이고, 그것에 의해 처음으로 '타자'와 함께 산다고 하는 민주주의 본래의 이념에 부응하는 것이 가능하지 않을까—이렇게 데리다는 생각한 것이다.

물론 데리다 자신도 인정하고 있는 것처럼, 환대라는 것은 어디까지나 이념 차원에서 제창된 개념 장치이고, 이것을 그대로 구체적인 법제도 차원에서 실행으로 옮기는 일은 불가능하다. 게다가 데리다가 특별히 환대라는 이념을 제안한 것에서도 알 수 있듯이, 사람은 싫든 좋든 어떤 형태로든 경계선 내부에서 살아갈 수밖에 없고, 항상 어떤 형태로든 폭력을 행사하거나 행사당한다. 그렇기에 폭력은 인간의 근본적인 조건이기도 하다. 이를 정면으로 받아들이지 않는 한 관용이든 환대든 그것이 적합한지 아닌지에 대한 판단을 내리는 것은 도무지 불가능하다. 그런 까닭으로 Ⅱ부 '폭력의 변증법'에서는 인간의 근본적인 조건으로서의 폭력을 검토하는 것을 논의 대상으로 삼고, 다시 폭력의 세기를 사는 이치에 대해 다소나마 생각해보고자 한다.

Ⅱ

폭력의 변증법

–폭력의 임계를 둘러싼 사고

1장　법의 지배와 법의 폭력
−질서와 폭력의 변증법

1　정치와 폭력의 뒤얽힘

"20세기는 폭력의 세기이다"—이러한 한나 아렌트의 시대진단을 길잡이 삼아, Ⅰ부 '폭력의 정치학'에서는 국민국가와 전쟁이라는 근대정치 현상 속에서 어떠한 폭력이 작동해왔는지, 그리고 그것이 20세기에 어떻게 변용해갔는지에 대해 대략적인 지형도를 제시하려고 했다. 이 변용의 핵심을 한마디로 표현한다면 "전쟁이란 별도의 수단에 의한 정치의 계속이다"라는 클라우제비츠의 명제가 전도된 것이 20세기였다고 할 수 있다. 서구근대의 주권국가체계에서 전쟁은 어디까지나 주권국가들의 정치적인 교섭 수단으로 간주되어왔다. 반대로 말해 정치적 목적이 달성되면 전쟁은 즉각 종결되고 적을 섬멸하는 절대전쟁으로까지 다다르지는 않는다는 것이다. 그런데 20세기가 되면 이러한 전쟁과 정치의 관계는 역전된다. 두 차례에 걸친 세계전쟁과 그 후에 잇달았던 지역분쟁과 내전으로 휘둘려진 폭력의 처절함이 보여주듯이 전투는 정치적 교섭의 영역을 초월, 무한 증대하여, 이제 폭력이 인간에게 통제 가능한 것으로 상정되기는 어렵게 된다. 이른바 폭력이 주어가 되어 정치를 좌우하고 "정치가 별도의 수단에 의한 전쟁의 계속이다"와 같은 세계, 이것이 아렌트가 파악한 20세기라는 시대에 다름 아니다(「폭력에 대하여」, 1968).

여기서 아렌트가 문제 삼고 있는 폭력이란 영어의 violence를 의미한다. 아렌트에 의하면 바이오런스란 '도구적'인 성질을 지닌다. 즉 그 자체는 목적이 되지 않고, 어떤 형태든 오직 목적을 달성하기 위한 수단으로서 기능하는 도구와 같은 것, 그것이 바이오런스라는 것이다. 한편, 아렌트의 논의 속에 목적의 위치를 점하고 있었던 것이 정치이고 권력이었다. 아렌트에 의하면 권력의 본질은 복수의 인간이 언어를 통해서 공동으로 자신들을 통치하는 데 있고, 이러한 권력에 의해 지탱되는 것이 정치의 공간이다. 그러므로 권력과 폭력은 여기서 확실히 대조적인 위치에 놓인다. 즉 아렌트는 바이오런스야말로 권력의 가장 노골적인 형상이라고 간주하는 권력정치적인 견해를 물리치고, 오히려 바이오런스를 정치의 영역에서 추방하려고 한 것이다. 그렇기 때문에 아렌트는 도구적인 수단으로서의 폭력이 정치 영역 전체를 뒤덮어버린 20세기적인 세계의 상태를 정치적인 것의 존립을 근저에서부터 위협하는 위기 상황이라고 생각했던 것이다.

그러나 이러한 권력/폭력의 이원론은 정치적인 것의 영역을 다소 좁게 한정하는 것이 아닐까. 확실히 아렌트의 말처럼 폭력과 정치를 곧장 등치하는 소박한 권력정치적인 도식은 정치라는 인간 고유의 영위를 물리적 폭력의 쟁탈전이라는 단조로운 이야기로 환원시켜버릴지도 모른다. 그러나 정치적인 것의 영역에서 폭력을 전면적으로 배제하고, 대등한 주체들이 대화를 통해 구축하는 공동 통치라는 하나의 점으로 정치적인 것을 수렴시켜버린다면 그것은 다른 극론으로 빠지는 일이 될 것이다(하버마스, 「한나 아렌트의 권력 개념」, 1976). 실제로 인간들의 관계는 이처럼 상호 대등한 것이 아니라, 오히려 물리적 내지 비물리적인 폭력을 배경으로 하여 타자를 강제적으로 지배하는 비대칭적인 관계를 포함한다. 베버와 같이 "정치에서 결정적인 수단은 폭력이다"(『직업으로서의 정치』)라고 말할 수밖에 없는 국면이 확실히 존재하는 것이다. 게다가 이러한 폭력도 반드시 인간이 항상 의도적으로 통제할 수 있는 것은 아니다.

주체의 제어를 벗어나서 폭력이 갑자기 발동하는 장면을 무시한다면 정치라는 활동의 유동적인 성격을 간과할 수 있다. 아렌트의 논의에서는 정치와 폭력에 부수된 이러한 계기가 완전히 빠져버릴 우려가 있는 것이다.

인간을 갑자기 행동하게 하는 힘으로서의 폭력. 타자에게 억지로 말하는 것을 듣게 하는 강제력으로서의 폭력. 이 두 가지 폭력이 한 번에 가능한 것은 아니지만 모두 정치적인 것을 성립시키는 불가결한 조건이라고 생각해야 한다. 게다가 강제력으로서의 폭력을 국가가 행사할 때, 그것은 **정통적인** 폭력으로 기능하고 있는 것이다. 이러한 폭력의 중층적인 함의를 사정거리 안에 넣으려면 바이오런스라는 관념만으로는 충분하지 않다. 영어에는 강제력을 의미하는 force라는 말이 있지만, 바이오런스/포스의 이분법으로 생각하면 오히려 양자의 뒤얽힘을 파악하기 어렵다. 바이오런스와 포스에서 폭력을 형성한 이중의 계기를 파악하려면 오히려 독일어의 Gewalt라는 말을 단서로 하는 편이 낫다. 바이오런스에는 강제력이라는 함의가 없는데 반해 게발트는 오히려 정통적인 권위에 의한 관할·통제라는 의미를 중핵으로 하고, 더욱이 그 외연으로 강한 힘의 발현이라는 바이오런스와 같은 의미도 포함하고 있기 때문이다. 벤야민의 논고 「폭력비판론」(1921)이 지금 다시 폭력론의 중요한 고전이 되고 있는 것도, 게발트로서의 폭력이 내포한 이러한 중층성을 응시하고 있기 때문임에 틀림없다.

더욱이 벤야민도 아렌트와 같이 폭력(게발트)을 목적이 아니라 수단으로 간주하는 데서 출발한다. 단지 벤야민은 이 수단성이라는 폭력의 본질에 대해 철저하게 사유했다. 수단으로서의 폭력은 자칫하면 목적의 정당함에 비추어 가치평가되기 십상이다. 예컨대 올바른 목적을 위해 행사되는 폭력이라면 정당화되기도 하지만, 벤야민의 말에 따르면 여기서 물음은 목적 쪽으로 환원되기 때문에 수단으로서의 폭력의 원리를 해명할 수 없다. 오히려 목적-수단과 관련해, 폭력을 해방시켜 폭력의 본질을 확실히 수단성에 입각해 추궁하지 않으면 안 된다는 것이다.

그렇다면 수단으로서의 폭력의 본질을 가장 확실하게 드러내는 특징은 무엇인가. 벤야민에 따르면 그것은 무엇보다도 먼저 새로운 질서를 정통적인 '법'으로서 '정립'하는 것이다. 예컨대 전쟁이라는 장면을 생각해보자. 우선 전쟁은 '강탈'을 추구하는 무법적인 바이오런스로서 드러날지도 모른다. 그러나 승패의 귀추가 확실시될 때, 반드시 '강화(講和)'가 의식으로서 필요해진다. 제아무리 무법적인 폭력이라도 승리로 획득한 새로운 지배관계를 다시 '법'으로 시인하지 않으면 안 되기 때문이다. 이렇게 수단으로서의 폭력에는 '법정립적'인 성격이 내재해 있다. 게다가 수단으로서의 폭력에는 또 다른 얼굴이 있다. 새로운 지배관계가 일단 '법'으로 정립되면 이를 무시하고 질서를 파괴하려고 하는 자는 불법적인 무리로 간주되어 처벌받는다. 즉 이제는 '법'을 '보존'하기 위해 폭력이 행사되는 것이다. 이러한 '법보존적'인 기능이 폭력의 두 번째 모습이라는 할 수 있다.

여기에서 벤야민이 이끌어낸 '법정립적 폭력'과 '법보존적 폭력'이라는 이중의 폭력은 단지 법외적인 힘의 발현으로서의 바이오런스가 아니라, 지배 · 관할을 중심적인 의미로 하는 게발트라고 해야 할 것이다. 그렇지만 이때 바이오런스의 계기가 게발트로부터 배제되는 것은 아니다. 예를 들어 전쟁의 실제 전투 국면에서 행사되는 물리적 폭력이 바이오런스라는 것은 명백한 사실이고, 이러한 바이오런스는 지배와 통치라는 사항과는 무관한, 말하자면 생물학적인 힘의 발로에 다름 아니기 때문이다. 그러나 만일 폭력이 그러한 '벌거벗은 생명'의 힘의 표출이라고 해도, 그것을 당장 지배와 통치의 내부로 편입시키는 것이 근대 '생-정치'의 특징이기도 하다. 성폭력을 포함하여 다양한 바이오런스가 아무리 개개의 국면에서 행사될지라도, 전쟁은 주민을 강제적으로 동원하는 국가의 게발트에 의해 유지되는 것이고, 바이오런스로 발현하는 폭력 또한 게발트로 회수되어간다. 벤야민이 도출하려고 한 것은 이렇게 폭력이 사회질서 내부에 깊이 박혀 정치적인 것과 구분되기 어렵게 뒤얽히는 국면이었다.

이렇게 정치적인 것의 근저에 폭력을 자리매김한 벤야민의 논의는 어떤 의미에서 홉스를 계승한다고도 말할 수 있다. 근대정치학의 시조 홉스는 전(前)정치적인 세계로서의 '자연 상태'에서는 개인이 서로 바이오런스를 행사하는 '만인의 만인에 대한 투쟁'이 전개되었다고 생각했다. 그래서 그러한 상호 폭력의 무한 증대를 근절하기 위해 만인에게 강제력을 행사할 수 있는 절대적인 권력을 창출하지 않으면 안 된다는 것이다(『리바이어던』, 1651). 홉스가 말하는 이러한 절대적인 권력은 바꿔 말해 게발트라고도 할 수 있다. 여기서는 확실히 바이오런스가 게발트의 내부로 회수되어가는 논리가 나타나고, 그에 한해 벤야민의 논의는 홉스의 계보를 잇고 있다.

그렇지만 홉스의 경우, 폭력과 권력은 사실상 이항대립 관계에 놓여 있고, 바이오런스를 내포한 게발트라는 벤야민적인 시점이 반드시 전경화되지는 않는다(이는 달리 말해 얼핏 보면 대조적인 아렌트와 홉스의 정치관도 이 점에서는 궤를 같이하고 있는 것이기도 하다). 홉스에게 '자연 상태'는 어디까지나 전정치적인 상태이고 일단 절대적인 권력이 등장하고 국가가 성립되면, 방종하고 난폭한 바이오런스의 '만인의 만인에 대한 투쟁'은 이 공간에서 완전히 사라진다. 바이오런스는 결국 정치적인 세계의 후경으로 쫓겨나버리는 것이다. 기본적으로 근대정치의 문법은 이러한 홉스의 논의 구조를 답습하고 있다고 해도 좋다. 혹은 홉스에게 바이오런스가 다시 정치적인 것의 심층을 형성하고 있다면, 그 후 근대정치의 구조는 이 심층을 더욱 망각하게 되었다고도 말할 수 있다. 국가장치에 폭력이 편재되어 있다는 사태가 자명한 전제가 되어 폭력과 정치적인 것의 뒤얽힘이 불문에 붙여졌던 것이다. 홉스에 의해 발견됨과 동시에 은폐되었던 이러한 사회질서의 심층에 잠복한 폭력을 발굴하고 이것에 새로이 빛을 비추려 한 자가 벤야민이었던 것이다.

2 질서의 기원으로서의 폭력

벤야민이 염두에 두었던 것은 벌거벗은 폭력에 의한 지배가 아니라 '법의 지배'를 강조하는 근대국가에 실은 '법의 폭력'이 포함되어 있는 것은 아닌가 하는 물음이었다. 물론 근대국가에 특징적으로 간주된 '합법적 지배'의 경우, '법'이라는 비인격적인 규범 체계가 정립된 뒤 그 '법'에 적절하게 입각한 것인지 아닌지가 지배의 정통성을 가늠하는 기준이 되기 때문에 지배는 스스로의 일정한 합리성에 의해 관철된다(베버, 「정통적 지배의 세 가지 순수형」, 1922). 즉 '법의 지배'를 전제로 하는 근대국가에서는 '법'의 부합 여부에 합리적인 판단이 요청되어 무법적인 폭력에 의한 지배는 격퇴된다는 것이다. 언뜻 보기에 지극히 합리적으로 보이는 '합법적 지배'도 실은 그 합리성의 절차가 법에 부합한다는 의미에서 형식적 합리성에 지나지 않기 때문에, 해당 '법' 자체가 실질적으로 정의에 부합하고 있는지 아닌지는 불문에 붙여진다. 예를 들어 부당한 '법'에서도 마이너리티의 성원에게 메이저리티가 그 '법'에 정통성을 인정하고 있는 한, '합법적 지배'를 기초로 한 포섭-배제의 폭력이 생겨나 그것이 정당화될지도 모른다. 벤야민이 '법보존적 폭력'이라는 개념에서 도출한 것은 '법의 지배'에 내재한 '법의 폭력'이라고 말해도 좋다. I부에서 지적한 것처럼 근대 국민국가에 포함된 폭력을 지탱하는 원리를 여기서도 볼 수 있다.

더욱이 근대정치의 문법이 오로지 국가장치에 편재하는 폭력에만 관심을 가져왔다면 '법보존적 폭력'만이 시야에 들어온다. 실제 "어떤 일정한 영역 내부에서 정통적인 물리적 폭력 행사의 독점을(실효적으로) 요구하는 인간공동체"(『직업으로서의 정치』)라는 근대국가의 정의가 말하는 것은 요컨대 '법보존적 폭력'이다. 이러한 베버의 정식이 근대정치의 문법을 단적으로 표현하는 것이라면, 확실히 '법보존적 폭력' 자체는 이 문법 속에 기입되어 있다고 말해도 좋다. 그러나 근대국가가 그 법질서를 보존하기 위해 폭력 행사를 독점한다고 해도 이 폭력 행사가 '정통'이라고 간주되는 것이 조건임에 유의하자. 이 지배의 정통성은 애초에 '법'에서 유래하고 있다. 그렇지만 이 '법'의 정통성은 어디에서 유래하는 것일까. 이렇게 생각하면 문제는 저절로 '법'이 '정립'되는 장면으로 되돌아가게 된다. 벤야민 자신은 어디까지나 '법정립적 폭력'의 파생태로 '법보존적 폭력'을 놓아두고, '법정립적 폭력'으로부터 '법보전적 폭력'을 이끌어내는 것은 가능하지 않다고 생각했다. '법보전적 폭력'을 지탱하고 있는 논리를 이해하는 데 있어서도 '법정립적 폭력'으로 물음을 되돌려 생각해볼 필요가 있는 것이다.

그러므로 다시 이렇게 묻자. 새롭게 '법'을 '정립'하는 것이 왜, 그리고 어떤 의미에서 '폭력'으로 기능하는 것일까. 데리다에 의하면 법이 새롭게 정립될 때, 그것은 어떤 합리적인 근거에 따라 논리적으로 도출되는 것이 아니라 단지 근거 없이 '결단'이 내려지는 데 불과하다고 한다. 그 때문에 정립된 법이 실제로 정의에 부합한다는 보증은 전혀 없다. 그럼에도 불구하고—혹은 그렇기 때문에—정립된 법은 스스로가 정의에 부합한다고 '해석'하고 이것을 '신봉'하자고 호소하지 않을 수 없다. I 부에서 인용한 파스칼의 말을 빌리면 이때 법은 "옳은 것은 나다"라는 근거 없는 선언이고, 이렇게 선언하는 행위를 수행함으로써 스스로의 정당함을 기초로 삼을 수밖에 없는 것이다. 이처럼 데리다가 법을 창출하여 정의에 부합하게 하는 것은 근거 없이 법의 정통성을 선언하는 '행위수행적(performative)인 폭력'에 다름 아니다(데리다, 『법의 힘』, 1994).

그러나 그렇다 하더라도 '법 정립'은 왜 근거 없는 선언이 되지 않으면 안 되는 것일까. 데리다의 논의를 근대 국민국가의 창설에 입각하여 생각해보자. 근대 국민국가에서는 국가의 기본구조로서의 국제(constitution)를 규정하는 법, 즉 헌법(constitution)이 모든 법의 정통성을 지탱하는 근거이다. 이 헌법은 '국민'의 이름으로 제정되고 있기 때문에 정통성을 지닌다고 간주되는 것이다. 그렇지만 '국민'을 주권자로 하는 새로운 국제가 창설될 때, 해당 '국민'은 이 창설 시점 이전에는 존재하지 않는다. 그럼에도 불구하고 이 창설을 선언하는 주체는 국민주권의 원리이기 때문에 결국 '국민' 이외의 사람은 있을 수 없다. 새로운 국제가 창설된 뒤에 존재하게 되는 '국민'을 논리적으로 선취하여 창설 주체로 지명하지 않으면 창설 그것은 불가능하게 된다. 그리하여 헌법 · 국제가 '정립'되는 데에는 '행위수행적인 폭력'이 발동한다. 요컨대 '국민'은 "국민을 주권자로 하는 새로운 국제를 창설한다"라고 선언하는 행위수행(performance) 속에서 처음 존재하게 되며, 이러한 '국민'의 존재를 선취하여 정통성을 근거로 하는 헌법 · 국제는 싫든 좋든 '행위수행적인 폭력'에 의해 지탱될 수밖에 없는 것이다.

이와 같이 데리다에 따르면 '법 정립'이란 단적으로 '폭력'임에 틀림없다. 데리다의 표현을 빌리면 법질서는 '힘의 일격'에 의해 성립하는 것이다. 그러면 이러한 '힘의 일격'에 의해 법질서가 성립된 순간, '법정립적 폭력'은 사명을 끝내고 사라지는 것일까. 다시 벤야민으로 되돌아가면 그 대답은 아니라는 것이다.

> 법 정립에서 폭력의 기능은 다음에 서술한 의미에서 이중적이다. 법 정립은 확실히 법으로서 제정된 것을 목적으로 하고 이것을 폭력이라는 수단을 지니고 추구하지만, 지향하고 있는 것이 법으로 제정된 순간에 폭력을 해임하는 것은 아니다. 법 정립은 오히려 이때라야 처음으로 폭력을 엄밀한 의미에서 그것도 직접적으로, 법정립적인 폭력으로 만들어낸다. 즉

> 이때 법 정립은 폭력과 전혀 관계가 없이 목적을 제정하는 것이 아니라 폭력과 불가항력적으로 밀접하게 얽혀버린 목적을 제정하는 것이고, 게다가 이 목적을 권력(Macht)의 이름으로 법으로 제정하는 것이다. 법 정립이란 곧 권력 정립이기 때문에 그것은 폭력이 직접적으로 현현하는 행위인 것이다.
>
> —「폭력비판론」

이 구절이 말하고자 하는 바를 조금 알기 쉽게 정리해보자. 벤야민에 의하면 '법 정립'이라는 것은 물론 '법' 정립을 목적으로 하고, 그를 위한 수단으로 '폭력'을 행사한다. 그러나 목적이 성취된다고 해도 '폭력'은 해임되지 않는다. 오히려 '법'이 '법'으로서 확실히 정립되는 순간이야말로, 폭력은 '엄밀한 의미에서 그것도 직접적으로', '법정립적 폭력'으로서 현현하게 된다고 벤야민은 말한다. 즉 '법 정립'이 지향하고 있는 '법'이란 애초에 '폭력'과 풀기 어렵게 결합되어 있는 것이고, '법'이 확실히 '법'으로 정립된 순간에 '폭력'은 노골적으로 모습을 드러낸다. 여기서 '법'의 모습을 갖춘 '폭력'이 등장한다. '권력(Macht)'이란 그 별명에 다름 아니다. 이것이 위에서 인용한 구절에서 서술한 논의의 대략적인 줄거리이다.

이러한 벤야민의 논의에 입각해 말하면 '법정립적 폭력'은 법질서가 창설되자마자 사라지는 것이 아니다. 오히려 법질서가 정립되자마자 정립된 '법'은 동시에 '폭력'을 내포한 강제력으로, 즉 '권력(Macht)'으로 작동하기 시작한다. 이때 '폭력'이란 물론 게발트에 다름 아니고, 게다가 애초부터 게발트에 '권력'의 함의가 있다면, 법질서가 확립된 순간에 '폭력'은 최초로 그 본령을 전면적으로 발휘하게 된다. 그렇다면 바이오런스로서의 폭력은 '법 정립'의 장면 어디에 위치지울 것인가. 이 점을 생각하기 위해 여기서는, 벤야민이 굳이 게발트로부터 구별하여 '권력'이라는 말을 사용하고 있는 것에 주목하자. 이는 '권력'과 구별된 의미에서의 '폭력', 즉 바이오런스의 존재가 여기서도 상정되고 있기 때문이다.

어쨌든 벤야민의 '권력(Macht)'이라는 말의 용법에서 생각해보면, 우선 '법 정립'의 '수단'으로 행사된 '폭력'은 '권력'의 함의가 없는 '폭력', 즉 바이오런스를 지시하고 있다. 새로운 정체를 설립하려는 장면, 가령 근대 시민혁명 등에서 질서를 창설하기 위해 '수단'으로서 바이오런스가 행사되는 사례를 생각해볼 수 있다. 그것은 구체제의 저항세력과의 전투 국면이거나, 혹은 선주민을 살육하는 국면일 것이다. 어쨌든 새로운 '법' 정립에 있어서 바이오런스가 '수단'으로서 행사되는 국면은 분명히 존재한다. 물론 이러한 의미에서 폭력의 행사는 새로운 법질서가 확립되면 머지않아 종식될지도 모른다. 그러나 벤야민에 의하면 바이오런스가 후경으로 물러남과 함께 '권력(Macht)'으로서의 '폭력', 즉 게발트가 전경에 등장하게 된다. 말하자면 바이오런스가 게발트로 변환, 회수된다는 것이다. 이렇게 보면 바이오런스를 수단으로 행사하면서 게발트의 확립을 지향하는 것, 이것이 '법 정립'의 본질이다. '법정립적 폭력'이라는 것은 먼저 법질서를 창설하기 위해 수단으로서 바이오런스의 모습으로 현상하지만, 법질서가 확립된 순간 이 수단으로서의 폭력은 게발트로서 직접적으로 현현하는 것이다.

3 회귀하는 폭력의 아포리아

물론 '권력'으로서의 게발트가 실효적인 강제력을 갖고 기능할 수 있기 위해서는 정통성을 조달할 필요가 있다. 그러나 여기서 확립된 '권력'의 정통성은 결코 합리적인 근거를 가지는 것이 아니기 때문에, 이 정통성은 말하자면 신비한 베일에 싸이게 된다. 데리다는 이것을 파스칼에 따라 '권위의 신비적 기초'라 부른다. 사람이 '법'을 따르는 것은 그것이 실질적인 합리성과 정의에 부합하고 있기 때문이 아니라, '법'의 배후에 흔들림 없는 권위가 있는 것을 단지 '신봉'하는 데에 지나지 않는다. 행위수행적인 '법정립적 폭력'이 '권위의 신비적 기초'를 만들어내는 것에 의해 근대국가의 합법적 지배는 가능하게 된다는 것이다.

한편, 벤야민은 이렇게 '법정립적 폭력'이 사람을 신비적인 현혹으로 포박하는 작용을 '신화적 폭력'이라 부른다. 벤야민에 의하면 '법 정립'이라는 것은 사람이 밟고 넘어서서는 안 되는 하나의 선을 획정하는 행위이다. 예컨대 아무것도 알지 못한 채 이 경계선을 넘는 것에 의해 사람은 그 죄과를 갚아야 한다는 것이다. 그러한 의미에서의 경계가 '법'이라는 것이다. 그렇기 때문에 '법'이라는 것은 면하기 어려운 강제력으로 인간에게 닥쳐오는 '운명'과 닮아 있다. 엉겁결에 규정을 어긴 인간에게 신들이 불합리해 보이는 폭력을 휘두르고, 인간은 그것을 '운명'으로 감수하고 죄과를 피로 갚을 수밖에 없다고 하는, '신화'의 에피소드에 자주 보이는 것과 동형적인 구도가 여기에 존재한다. 왜 따르지 않으면 안 되는지도 모른 채 따라야 하는 것, 그 정통성의 근거를 모른 채 신봉해야 하는 것, 그러한 신비한 베일을 휘감은 규정으로서 '법'은 정립된다. 이처럼 벤야민은 '법정립적 폭력'에 '신화적 폭력'이라는 명칭을 부여한다.

이와 같이 '신화적 폭력'의 신비한 힘이 지탱하고 있는 것은 물론 행위수행적인 단언이다. 질서를 창설하는 정립의 폭력은 아무런 근거를 갖지 않는 단언으로 지탱되기 때문에 정립 작용은 그저 이 공허한 단언을 반복할 수밖에 없다. 물론 일단 법질서가 성립하면 이것을 보존해야 할 경찰권력 등의 '법보존적 폭력'이 작동하지만 때때로 경찰이 초법규적 명령을 발동하는 것을 생각하면, 이것도 실은 '법정립적 폭력'의 반복 혹은 그 대리로 간주할 수 있을 것이다. I 부에서 언급한 "국민은 매일매일의 인민투표다"라는 르낭의 말에서 알 수 있듯이 기원의 선언은 자기 자신을 반복하지 않을 수 없다. 그렇지만 기원의 선언이 공허한 단언인 이상, 그러한 단언을 아무리 반복하더라도 정통성의 실질이 충전되지는 않는다. 망가진 레코드가 같은 프레이즈를 몇 번이나 반복할 때 그것이 무의미한 기호로만 들리지 않게 되듯이 단언의 동어 반복은 오히려 기원의 공허함을 더욱더 강화시킨다. '법정립적 폭력'이 '법보존적 폭력'으로 대리되고 정립된 질서의 보존을 도모하기 위해 기원이 그저 반복된다고 해도, 오히려 해당 질서는 더욱더 형해화되고 결국에는 다른 '법정립적 폭력'이 이 질서를 파괴하게 되는 것이다.

이것은 요컨대 '신화적 폭력'의 신비한 힘도 시간의 흐름을 이길 수 없다는 것일까. 실제로 어떠한 법질서가 정립된다고 해도 그 질서가 보존되는 동안 차차 쇠약해져 결국 다른 법질서로 대체된다면, 이것은 확실히 '신화적 폭력'의 신비한 힘이 해제되는 과정으로도 볼 수 있다. 그러나 벤야민에 의하면 이러한 모습이야말로 '신화적 폭력'에 사로잡힌 근시안적인 사고에 다름 아니다. 하나의 '법정립적 폭력'이 쇠약해져도 결국은 다른 '법정립적 폭력'이 그것을 대체할 뿐이라면, 이러한 교대극은 '법정립적 폭력'이 영원히 우리들을 속박함을 웅변하고 있기 때문이다. 어떠한 법질서가 수립된다 하더라도 그리고 다른 폭력에 의해 그것이 타파된다 하더라도, '법정립적 폭력'의 속박은 '운명'과 같이 늘 인간을 따라다닌다는 것이다. '법정립적 폭력'이 '신화적'인 까닭도 확실히 이 점에 있다. '법정립적 폭력'은 무엇보다도 먼저, 근거도 없는데 정통성이 있다고 사람들에게 믿게끔 한다는 의미에서 '신화적'이지만, 영원히 회귀하는 운명적인 순환구조 속에 사람을 가둔다는 의미에서도 역시 '신화적'이라 해야 할 것이다.

어쨌든 이러한 벤야민의 논의를 통해 알 수 있는 것은 눈앞의 억압적인 체제를 타파하는 혁명을 일으킬 경우에도 그것이 또 다른 '법정립적 폭력'인 한 진정한 의미에서의 인간 해방으로는 도달할 수 없다는 것이다. 실제 '혁명'의 이름 아래 엄청난 피를 흘렸던 것은 틀림없는 세계사의 사실이다. '법정립적 폭력'은 경계를 설정하고 그것을 밟고 넘어선 자에 대해서는 피로써 죄과를 갚으라고 가차 없이 요구한다. 이와 마찬가지로 반대 분자를 엄격하게 단속해서 배제하고 처형하는 숙청의 폭력이 대부분의 혁명에 뒤따라왔던 것이다. 여기에 '신화적 폭력'의 속박에서 벗어나는 일의 어려움이 단적으로 드러난다. 물론 법에 적합하기만 하면 정의는 달성될 것이라는 합법성의 논리는 해당 법 그것이 실질적으로 정의에 적합한지 아닌지를 보류하고 있다는 점에서 확실히 법의 이름 아래 폭력을 생산하고 있을지도 모른다. 그러나 목적이 정의에 부합하면 수단은 정당화된다는 논리를 제안하자마자, 이번에는 정의의 이름으로 숙청의 폭력이 생산되어버린다. 게다가 "옳은 것은 나다"라고 선언하는 복수의 정의 사이에서 폭력의 끝없는 응수가 생길지도 모른다.

벤야민이 볼 때 여기서 악순환을 야기하고 있는 것은, 합법성의 논리와 정의의 논리의 상극, 즉 올바른 수단(합법성)이 목적을 정당화하는 것인가, 아니면 정당한 목적(정의)이 수단을 정당화하는 것인가 하는 이율배반이다. 이러한 이율배반적인 물음 내부에 머물러 있는 한 딜레마는 결코 해소될 수 없을 것이다. 수단을 어떤 목적을 실현하기 위한 도구로 간주하는 한, 법과 정의의 이름 아래 폭력이 호출되는 것은 어찌해도 피할 수 없다. 이와 같이 벤야민은 이러한 이율배반을 근저에서부터 지탱하고 있는 전제, 즉 목적-수단의 관련 그것부터 탈각해야 한다고 생각한다. 요컨대 벤야민은 수단이란 어떤 목적에 봉사하는 도구이고 목적은 항상 어떤 수단을 동반한다는 목적-수단의 순환을 단절하자는, 말하자면 순수한 '수단', 순수한 '목적'을 상정하여 그것을 발판으로 삼아 '신화적 폭력'으로부터의 해방을 전망한 것이다.

그렇다면 '순수한 수단'이란 무엇인가. 벤야민이 하나의 예로 들고 있는 것은 합의 형성의 기술로서의 '대화'이다. 이 '대화'가 특정한 정의를 목적으로 삼지 않고 오히려 정의의 복수성에 입각하여 서로 의견을 주고받으면서 합의를 찾아가는 기법이라면, 그것은 확실히 폭력을 배제하는 하나의 수단이라 할 수 있을지도 모른다. 더욱이 벤야민은 전국의 모든 산업에서 노동자가 일제히 업무를 정지하는 총파업과 국가 간 분쟁의 평화적인 조정을 도모하는 외교관의 교섭 등의 예를 들고 있지만, 어쨌든 분쟁을 폭력에 의해 직접적으로 해결하는 것이 아닌 대화와 노동방기와 같이 비폭력적인 수단을 통해 간접적으로 해결하려고 하는 '순수한 수단의 정치'를 통해 폭력의 악순환으로부터 해방의 가능성을 찾아낸다.

그런데 벤야민은 동시에 놀라운 방향으로 논의를 전회시키고 있다. "어떠한 폭력도 원리적으로 모조리 배제해버리면 여러 가지 인간적 과제에 관해 그 어떤 해결안을 상상하는 일도 가능하지 않고, 하물며 지금까지의 세계사상의 모든 존재 상황이 속박되어온 원환으로부터의 구제를 상상하는 것도 불가능하다." 그러므로 '신화적 폭력'이란 다른 종류의 폭력을 구상하지 않으면 안 된다는 것이다. 비폭력적인 '순수한 수단의 정치'의 가능성을 찾고 있던 벤야민이 다른 한편으로 폭력을 제외한 인간 해방을 생각하는 일이 가능하지 않다고 말하고 있기 때문에 이는 다소 기묘하게 느껴진다. 그러나 벤야민에 의하면 폭력은 애초에 단지 '수단'이 아니라 오히려 '목적'에 관련된 폭력이다. 이른바 '정의'가 "옳은 것은 나다"라고 행위수행적으로 단언할 뿐 아니라 '신들의 전쟁'과 상호 폭력의 무한 증대를 야기하는 것이라면, 여기서 벤야민이 생각하고 있는 것은 진정으로 '정의'의 이름에 걸맞은 순수한 '목적'을 체현한 폭력이며, '신화적 폭력'의 순환을 단절하여 일체의 폭력을 근절하는 궁극의 폭력이다.

벤야민은 이러한 폭력에 '신적 폭력'이라는 이름을 부여하고 있다. 벤야민은 '신화적 폭력'이 '법 정립적'임에 반해 '신적 폭력'은 오히려 '법 파괴적'이기 때문에, 이로 인해 국가폭력은 폐절되고 '새로운 역사적 시대가 창출되는' 것이라고 말한다. 하나의 '법정립적 폭력'을 다른 '법정립적 폭력'으로 격퇴해도 폭력의 악순환을 단절하는 것은 불가능하지만 이러한 악순환을 근절하는 폭력이야말로 '신적 폭력'이라는 것이다. 그렇지만 그러한 순수한 근절을 지향하고 있는 것이 '신들의 전쟁'의 '최종해결'이라 한다면, 그것을 가능하게 하는 것은 이제 인간이 아니라 오히려 절대유일의 신밖에 없다는 말이 된다. 그런 의미에서 '신적 폭력'에 붙여진 '신적'이라는 형용사는 이 순수한 폭력의 본질을 단적으로 나타낸다고도 말할 수 있다. '신적 폭력'이라는 것은 복수의 정의가 항쟁하는 현세의 무질서에 종지부를 찍고 절대적인 구제의 순간이 도래하는 것을 희구하는, 벤야민의 메시아니즘적인 역사철학이 짙게 반영된 개념이다.

이와 같은 벤야민의 신학적인 지향의 옳고 그름, '대화'와 '신적 폭력'의 관계 여부 등의 문제는 일단 제쳐두자. 어쨌든 '신화적 폭력'으로부터의 해방이라는 주제에 대해서는 이 책의 마지막 부분에서 다시 생각해보고자 한다. 여기서 당장 확인해두고 싶은 것은 적어도 세속화된 근대세계에서는 복수의 정의가 병립하고 따라서 폭력은 영원히 회귀하지 않을 수 없다는 것이다. 그러므로 예컨대 아렌트와 같이 폭력 없이 정치의 가능성을 전망하려고 해도, 결국 폭력을 초기 조건으로 상정할 필요가 있다. 그렇게 할 때 처음으로 폭력으로부터의 해방이라는 과제를 마주하기 위한 출발점에 서는 일이 가능할 것이다.

2장　자기보존과 자기융해
-이성과 폭력의 변증법

1　이성과 폭력의 뒤얽힘

앞장에서는 데리다를 참조하면서 벤야민의 폭력론의 핵심을 고찰하였다. 벤야민은 법질서의 생성 장면에 주목하여, 인간의 의지대로 되지 않는 바이오런스가 인간을 의지대로 통제하는 게발트로 회수되어가는 회로를 선명하게 절취했다고 말할 수 있다. 그렇지만 그때의 분석 초점은 게발트의 생성에 맞춰져 있었기 때문에, 인간에게 바이오런스가 갖는 의미에 대해서는 명확한 위치가 부여되지 않았다. 오히려 우선 바이오런스의 존재가 자명시된 뒤에, 그것이 게발트로 회수되어가는 논리가 검토의 대상이 되었다고 해야 할 것이다. 그래서 아래에서는 인간주체의 의지대로 되지 않는 폭력으로서의 바이오런스로 다시 물음을 되돌려, 인간과 폭력의 뒤얽힘에 대해서 생각해보고 싶다. 그때 단서로 채택하고 싶은 것은 호르크하이머와 아도르노의 공저 『계몽의 변증법』(1944)이다. 여기에서는 바이오런스가 인간에게 예외적인 사상(事象)으로 폐기되지 않고 인간과 폭력의 뒤얽힘이 정면에서 논의되고 있기 때문이다.

호르크하이머 등의 논의의 출발점은 인간이 철두철미하게 '자기보존'을 지향하는 존재라는 인식이다. 그리고 인간에게 이러한 지향이 구성되어 있다면, 자기보존에 장해가 되는 타자에게 폭력을 행사하는 것은 피할 수 없는 일이다. 상호 적대적인 상황은 인간에게 각인된 기본적인 조건에 다름 아니라는 것이다. 이렇게 인간 존재의 '어두운' 측면에 눈길을 돌린다는 점에서 『계몽의 변증법』이 홉스적인 관점과 통하는 측면을 갖고 있다는 것은 말할 필요도 없다. 다만 호르크하이머 등에게 무엇보다도 중요했던 것은, 이렇게 '자기보존'을 지향하는 인간이 자연적인 정동에 몸을 맡긴 비이성적인 존재는 결코 아니라는 것이다. 인간이 스스로의 자기보존을 달성하기 위해서는 오히려 이성에 의해 자연적인 정동을 통제하지 않으면 안 된다는 것, 바꾸어 말하자면 자기보존을 지향하여 타자에게 폭력을 행사하는 인간은 곧 자연적인 정동을 통제할 수 있는 이성적인 주체라는 것이 『계몽의 변증법』을 지탱하는 기본명제이다.

이러한 주체와 이성과 폭력의 뒤얽힘에 대해 호르크하이머 등은 고대 그리스의 서사시 『오디세이아』를 인용하면서 다음과 같이 설명하고 있다. 이야기의 주인공 오디세우스는 항해 도중 많은 고난에 직면한다. 예를 들어 요괴 사이렌은 감미로운 노랫소리로 사람을 현혹하고 자기를 상실하는 쾌락으로 인간을 끌어들이려 한다. 그것은 어머니의 양수 안에서 느낀 황홀경에 흔들리는 쾌락에의 유혹, 즉 퇴행에의 유혹이라고 해도 좋을 것이다. 요컨대 사이렌의 노랫소리는 주체의 심층에 잠긴 자기융해의 욕동으로 작용해오는 위험한 유혹이기 때문에, 이 유혹에 굴복한 주체는 자율적인 주체로 사는 것을 방기하고 자기의 통일을 상실해버린다는 것이다. 그것은 동시에 주체가 스스로의 의지대로 되지 않는 내면의 자연에 지배당하고, 경우에 따라서는 통제불능인 바이오런스로 내몰리는 것을 의미한다. 그러나 오디세우스는 이 퇴행에의 유혹을 현명하게 견디고 자기를 자율적인 주체로 단련해간다. 그리고 하인들의 귀를 밀랍으로 봉하게 함으로써 위험한 노랫소리를 듣지 않고 오로지 배를 젓게 하여 이 난국을 헤쳐 나갔다. 호르크하이머와 아도르노가 볼 때, 여기서 오디세우스는 내면의 자연으로서의 자기융해의 욕동을 제어하고, 외부 자연의 위협을 교묘히 피하면서 자기보존을 지향하는 이성적인 주체로 묘사되고 있다. 바꾸어 말하면 이성이란 인간이 스스로의 자기보존을 위해 이용하는 자연지배의 도구에 다름 아니다.

물론 이러한 이성의 활동이 없다면, 문명은 도저히 성립되지 않았을 것이고, 인간은 의지대로 되지 않는 자연의 압도적인 힘에 억눌렸을 것이다. 인간에게는 이성에 의한 내적 자연의 통제야말로 자연의 위협에서 벗어나는 길이다. 그러나 호르크하이머 등에 의하면 여기에는 사회적인 지배관계의 성립과정이 각인되어 있다. 부하들에게 귀를 막고 노동하도록 명령하는 오디세우스의 모습에서 다른 인간을 도구로 이용하는 이성의 폭력적인 모습을 간파할 수 있다. 이리하여 의지대로 되지 않는 내적 자연을 제어하는 이성의 힘은 타자를 의지대로 지배하는 폭력(게발트)으로 회수되어간다. 여기서 나타나고 있는 것은 폭력을 억누르려고 하는 이성의 활동이 오히려 다른 폭력을 불러들이는 인간과 문명에 들러붙은 역설적인 사태이다. 주체 내부에 깊숙이 파묻혀 있던 바이오런스의 싹을 이성으로 억누르려고 해도, 그것은 싫든 좋든 게발트를 작동시켜 결국 인간은 폭력과 관계를 끊는 것이 불가능하다. 게다가 인간이 자연을 지배하여 '자기보존'을 추구하는 존재인 한 이 역설에서 벗어나는 일도 결코 가능하지 않다.

이와 같이 폭력이라는 계기를 인간에게 근원적인 것으로 간주하고, 그것을 이성의 활동과 결부시킨 것이 『계몽의 변증법』의 진면목이다. 이것은 이성과 폭력에 관한 통념과 정면에서 대립하는 사고방식이라고 해도 좋을 것이다. 여기에서는 이성적인 주체라면 폭력과 무관할 수 있다고 하는 상정이 아예 없기 때문이다. 이러한 이성의 폭력적인 모습을 여실히 보여주는 극한적인 사례로서 호르크하이머 등이 특히 주목한 것이 부도덕의 작가 마르키 드 사드의 작품이다. 타자에 대한 공격충동을 드러낸 '사디즘'이라는 말의 유래가 된 이 작가의 일련의 작품에는, 부도덕한 폭력과 그것에 흥미를 느끼는 잔혹한 열락의 묘사로 뒤덮인, 마치 폭력의 총목록과 같은 분위기가 있다. 그렇지만 예를 들어 호르크하이머 등이 볼 때 『쥘리에트 이야기 또는 악덕의 번영』(1797)의 주인공 쥘리에트의 부도덕한 행동에는 자아를 상실하고 쾌락에 빠지는 자세가 전혀 발견되지 않는다. 향락만을 일삼는 쥘리에트의 모습은 언뜻 보면 사이렌의 유혹에 몸을 맡기고 있는 것처럼 보일 수 있지만 실제로 그녀는 일관되게 스스로의 정동을 이성으로 냉철히 통제하고 있다고 말할 수 있다. 쥘리에트의 향락은 매우 치밀하게 계산된 것이므로, 여기서 보이는 것은 퇴행에의 탐닉

이 아니라 오히려 '퇴행에 대한 지적인 기쁨'에 다름 아니라는 것이다. 쥘리에트는 오디세우스와 같이 사이렌의 유혹에 의연히 맞서서 스스로를 자율적인 주체로 단련하는 것이 가능한 계몽적 이성의 자식인 것이다.

이렇게 호르크하이머 등에 의하면 사드의 텍스트에는 이성에 들러붙은 잔혹한 폭력의 모습이 새겨져 있다. 게다가 이러한 이성과 폭력의 결탁은 단지 특이한 작가 한 사람의 분방한 상상력의 산물로 끝나는 것도 아니다. 예를 들어 홀로코스트의 폭력은 결코 자연적인 정동의 단순한 폭발이 아니다. I부에서도 다루었듯이 냉철히 효율을 계산하는 이성의 활동 없이는 유대인의 이송에서 살육에 이른 일련의 프로세스가 있을 수 없었다. 거기에는 확실히 문명에 의해 억눌리고 있었던 자연적인 정동이 유대인에 대한 폭력으로 분출되었다고 생각되는 측면도 있지만, 그 폭력이 이성에 의해 계획적으로 조직되었다는 점이야말로 홀로코스트의 최대 특징이었다는 것이다. 파시즘에는 '이성과 자연의 악마적 종합'(호르크하이머, 『이성의 부식』, 1947)이라 불릴 만한 합당한 이유가 있었다고 해야 할 것이다.

그렇지만 이렇게 이성의 '어두운' 측면만을 강조하는 것은 다소 일면적 것에 불과할지도 모른다. 계몽적 이성의 지배 없는 공동사회라는 유토피아를 지향하는 것 또한 확실하기 때문에, 계몽의 철학자 칸트가 말하듯이 각자 서로의 인격을 존중할 것을 말하는 도덕률이 이성에 의해 요청될 경우도 있기 때문이다. 예를 들어 『계몽의 변증법』에 의하면 '내용적인 목적은 계몽의 엄밀한 의미에 따르는 한 망상이고 허위'인 이상, 도덕적인 의무를 지탱하는 합리적인 근거는 존재하지 않는다. 즉 칸트가 옹호하는 계몽의 '과학'적인 합리성에 비추어보면 '자기보존'이야말로 주체를 작동시키는 유일한 원리이기 때문에, 이기심을 억누르고 인격을 존중할 것을 말하는 '목적'을 건 도덕은 신화적인 미망에 지나지 않는 것이다. '과학'의 자식 쥘리에트가 이러한 미망을 타파하려고 하는 것도 '과학'은 일체의 가치와 목적에 대해 중립적이지 않으면 안 되기 때문이었다. 지배도 폭력도 없는 이상사회를 건설하려고 한 계몽적 이성의 의도는 바로 이렇게 그 계몽적 이성의 원리에 의해 무너지게 된다. 그래서 이러한 계몽적 이성이 겪는 자기부정적인 과정을 호르크하이머와 아도르노는 '계몽의 변증법'이라 불렀던 것이다.

이러한 관점에서 보면 유대인 이송업무의 지휘를 맡았던 아이히만이 칸트의 도덕률을 자신의 신조로 삼고 있었다는 사실은, 결국 '계몽의 변증법'의 전형적인 사례가 된다. 아렌트는 아이히만이 칸트의 도덕률을—곡해하면서도—준수하고 있었던 것 자체는 의심할 여지가 없다고 쓰고 있지만(『예루살렘의 아이히만』) 사실 『계몽의 변증법』의 말처럼 "이성은 계산과 계획의 도구이고, 목적에 대해서는 중립적이고, 그 기본 원리는 균질화이다"라고 한다면, 아이히만은 확실히 계몽적 이성의 옹호자 칸트의 충실한 제자였다. 치밀한 계산과 계획에 따르면서 인간의 죽음을 강제적으로 균질화했던 아이히만은, 자신이 관련되어 있는 업무가 어떤 '목적'에 연루되어 있는지, 부분적이라 하더라도 틀림없이 알고 있었다. 그럼에도 불구하고 그가 '제삼제국의 정언명법'—"총통이 너의 행동을 알고 있다면 시인하도록 행동하라"—을 준수하는 일이 가능했던 것은 애초에 이성이 '목적에 대해서는 중립적'이었기 때문임에 틀림없다. 아이히만은 쥘리에트와 같이 이성적이었기 때문에 폭력에 가담할 수 있었던 것이다. 게다가 한편으로 '정신없는 전문인'이고 다른 한편으로는 '심정 없는 향락인'이라고 한다면, 양자는 함께 오디세우스의 종착점으로 출현한 계몽적 이성이 낳은 쌍생아 같은 존재라고 해도 좋을 것이다.

2　미메시스와 폭력의 근원

이와 같이 『계몽의 변증법』은 이성과 폭력의 뒤얽힘을 철저하게 들추어내려고 한다. 이러한 논의를 근저에서 지탱하고 있는 것은 그 자체로 보면 유동적인 무정형의 세계에서, 인간 개념의 쐐기를 박고 이성의 힘에 의해 폭력적으로 의미를 부여해가는 구도이다. 호르크하이머 등이 볼 때, 애초에 자연은 혼연히 무정형적인 것에 지나지 않는다. 거기에는 대개 인간이 개념으로 파악할 수 있는 존재물은 없고, 일체의 의미가 결여된 공간이 펼쳐져 있는 데에 지나지 않는다. 그러한 혼돈의 한가운데에 던져진 인간은 싫든 좋든 공포와 불안을 느끼지 않을 수 없다. 유동적인 세계에 삼켜져 사라져버리는 것은 아닌가 하는 두려움이 끊임없이 인간에게 엄습해오기 때문이다. 이리하여 인간은 이 공포를 극복하여 자기보존을 도모하도록 무정형인 세계에 개념의 망을 던짐으로써 이것을 질서 잡힌 세계로 변환하려고 한다. 즉 서로 다른 질을 지닌 존재자에게 동일성의 옷을 입히는데, 이는 예를 들어 '늑대'나 '나뭇잎' 등의 개념으로 묶어버리는 것이다. 이리하여 인간은 주객미분(主客未分)의 혼돈 속에 억눌린 사태에서 벗어나고 이성이 자기보존의 도구로서 작동하기 시작한다. 니체를 모방해 말하자면,

세계를 합리적으로 인식하려고 하는 '진리에의 의지'는 주체가 자기보존을 달성하기 위해 끊임없이 변화하는 세계를 고정화하고 지배하려는 '힘에의 의지'에 다름 아니다.

실제로 이러한 관점은 니체를 효시로 하여 20세기에 퍼진 이성비판의 사조에 편승한 것인데, 호르크하이머 등은 그러한 사조의 시초였다고도 할 수 있다. 더욱이 『계몽의 변증법』에 따르면 이성이 처음부터 세계에 대해 폭력적이었던 것은 아니다. 인간이 외부 세계에 매몰되어 자기를 잃지 않도록 하는 이성의 활동은 가장 초기 단계에서는 '미메시스(mimesis)'라는 형태를 취한다고 한다. 모방을 원뜻으로 하는 이 개념에는 자기를 외부 세계에 다가가게 하는 주체의 행동이 함의되어 있다. 어떤 종류의 생물에서 보이는 '의태(mimicry)'를 떠올리면 쉽게 이해할 수 있을 것이다. 예를 들어 자벌레는 전신을 나뭇가지로 모방하고, 카멜레온은 환경에 맞추어 몸의 빛깔을 변화시킨다. 이 생물들은 의태를 통해 외부의 적으로부터 자신을 보호하고, 자기보존을 완수하는 것이다. 『계몽의 변증법』에 의하면 인간 또한 이러한 생물의 의태와 같이 외부 환경—사물이든 인간이든 자기로부터 구별된 광의의 '타자'—에 자기를 적합하게 만듦으로써 자기보존을 도모한다. 예를 들어 몸의 털이 곤두서는 듯한 공포에 직면했을 때, 인간은 경악한 나머지 전신이 경직되어 움직일 수 없게 되지만, 이것은 그렇게 함으로써 자기를 환경에 순응시키는 것이다. 말하자면 자기를 환경에 숨겨 위험으로부터 몸을 지키고 있는 것이라고 할 수 있다. 즉 이러한 반응이 일종의 '의태'이고, '자기보존의 태고의 형태'에 다름 아닌 것이다.

이렇게 『계몽의 변증법』에 의하면 '타자에의 유기적인 적응'이야말로 '본래의 미메시스적인 행동'이고, 인간은 먼저 이러한 미메시스를 통해서 자기보존을 도모해가게 된다. 그리고 이 미메시스야말로 자기보존을 가장 중시하는 이성의 원초적 형태에 다름 아닌 것이다. 이와 같이 자기를 타자로 순응시키는 미메시스에 이성의 시원이 있다면, 이성도 최초에는 반드시 폭력적인 것은 아니다. 심지어 미메시스는 자기보존을 위협하는 성질도 지니고 있다. 미메시스가 '타자에의 유기적인 적응'이라면, 그것은 곧 주객미분의 혼돈 속에 자기를 해소시키는 것을 의미하기 때문이다. 요컨대 미메시스는 인간에게 자연의 위협을 극복하여 자기보존을 가능하게 해주는 통로이면서 동시에 자기를 외부 세계에 몰입, 융해시키는 계기 또한 품고 있는 것이다.

미메시스가 이성의 원초적 형태인 이상, 이러한 자기보존과 자기융해라는 두 가지 벡터의 뒤얽힘은 물론 이성 속에도 새겨져 있다고 해야 할 것이다. 그렇지만 호르크하이머와 아도르노가 볼 때, 미메시스가 이성으로 조탁되어가는 문명사의 행로에서 오로지 자기보존을 향한 벡터만이 이성 속에 전경화되어간다. 예를 들어『계몽의 변증법』에서는 언어의 성립에 근거하여 다음과 같이 설명한다. 태고의 인간이 낯선 것의 압도적인 힘에 공포를 느끼고 거기에서 어떤 초자연적인 힘을 느꼈을 때, 경악의 외침이 이러한 미지의 것의 '이름'이 된다. 인간에 의한 외부 세계에의 미메시스가 언어의 단서가 되는 것이다. 이러한 애니미즘적인 세계에서 인간과 외적 자연의 관계는 여전히 자연 쪽이 우위에 서 있다고 할 수 있다. 그러나 어찌 되었든 간에 인간이 알지 못하는 것에 이름을 부여하게 되면, 미지이기 때문에 위협의 원천이었던 자연은 기지(既知)의 것으로 회수된다. 이렇게 생성된 자연은 개념적으로 인식 가능한 것, 인간에 의해 지배 가능한 것으로 고정화되어간다. 먼저 '반사적인 미메시스'에 의한 경악의 외침이 시원적인 언어를 산출하고, 그것이 '미메시스의 조직적인 제어'에 의해 점차 개념적인 언어로 이행함에 따라서 인간과 자연의 관계는 역전된다. 이리하여 이성은 인간의 자기보존에 봉사하는 자연지배의 도구로 확립된다.

그렇지만 여기서 간과해서는 안 될 점은, 문명사의 행로에서 이성의 자기보존적인 국면이 전경화되더라도 미메시스에 내재하는 자기융해로 향한 벡터는 결코 소멸하지 않을 것이라는 사실이다. 호르크하이머 등에 의하면, '자기를 상실하지 않을지, 자신과 다른 생명을 떼어놓는 경계를 자기와 함께 폐기해버리는 것은 아닌지에 대한 불안, 죽음과 파괴에 대한 두려움'은 문명사의 밑바닥에 지하수맥과 같이 계속 흐르고 있다. 요컨대 '자기보존에의 맹목적 결의'의 이면에는 '자아의 상실을 유인하는 유혹이 항상 따라다니고 있'기 때문에 오디세우스는 이 유혹에 현명하게 견디고 스스로를 자율적인 주체로 단련시켜야 했던 것이다. 사이렌의 노랫소리는 자기보존이라는 문명사의 주선율(主旋律)을 지탱하는 집요저음(執拗低音)으로서 항상 울려 퍼지고 있다.

그렇지만 미메시스에 내재하는 이러한 자기융해에의 벡터는 호르크하이머와 아도르노 자신도 인식하고 있듯이 프로이트가 말한 '죽음의 욕동(Thanatos)'과 거의 겹친다고 해도 좋다. 프로이트에 의하면 모든 생명에게는 죽음이라는 무기적 상태로 회귀하려 하는 경향이 있다. 오디세우스의 사례에 근거해 말하면, 그는 사이렌의 노랫소리에 매혹될 때, 이 죽음의 욕동에 이끌렸던 것이다. 한편 생물은 생명체로서 통일과 유지를 지향하는 경향, 즉 '삶의 욕동(Eros)'을 지니고 있다고도 프로이트는 말한다. 자아를 확립하여 자기보존을 달성하려는 오디세우스를 이끌고 있는 것은 이러한 삶의 욕동이라고 해도 좋을 것이다. 어쨌든 "문화는 인류를 무대로 한 에로스와 죽음 사이, 삶의 욕동과 죽음의 욕동 사이의 전쟁이다"(「문명 속의 불만」, 1930)라는 프로이트의 인간학이 『계몽의 변증법』의 기조를 형성하고 있음에 틀림없다. 미메시스 개념에 포함된 자기보존과 자기융해라는 두 가지 벡터의 상극은, 에로스와 타나토스의 상극이라는 프로이트적인 논의를 번역한 것이라고도 할 수 있다.

그렇지만 『계몽의 변증법』에서 이 두 가지 벡터는 단순한 대립관계로 놓여 있지 않다. 이미 살펴본 것처럼 미메시스는 '타자에의 유기적인 적응'의 표현이고, 그렇기 때문에 자기를 외부 환경에 몰입시키는 것이 미메시스의 첫 번째 의미가 된다. 요컨대 자기융해를 향한 벡터야말로 가장 심층에 자리하고, 자기보존을 지향하는 벡터는 어디까지나 그것을 기반으로 하는 데 지나지 않는다. 바꾸어 말하면 인간의 자기보존을 근저에서 지탱하는 것은 인간이 외부 세계를 의지대로 지배하는 것이 아니라, 오히려 자기를 외부 세계에 종속시키는 일인 것이다. 단적으로 말해 자기를 방기함으로써 자기를 보존한다고 하는, 역설적이라 해야 할 과정이 여기에 상정되어 있다. 어쨌든 미메시스를 인간 조건의 출발점으로 두는 한, 자기융해적인 계기야말로 인간존재를 일차적으로 규정하고 있는 것이므로 자기보존을 지향하여 노력, 분투한다는 이기적인 인간상은 오히려 이차적인 규정에 지나지 않는 것이다. 다시 『계몽의 변증법』의 인상적인 대목을 인용한다면, '자기보존에의 맹목적 결의'의 이면에는 '자아의 상실을 유인하는 유혹이 항상 따라다니고 있'다.

이와 같은 미메시스를 둘러싼 호르크하이머와 아도르노의 고찰을 근거로 할 때, 폭력에 어떠한 위치를 부여할 수 있을까. 지금까지의 논의를 되돌아보면서 정리해보자. 먼저 폭력의 첫 번째 층은 홉스의 논의에서도 알 수 있듯이 인간의 '자기보존'에 기초하고 있다. 자기보존이야말로 인간의 첫 번째 원리이기 때문에 자기보존에 있어 방해가 되는 타자에 대해 폭력을 행사하는 것은 피할 수 없다. 단지 이렇게 자기보존에 기인한 폭력이라는 것은 실은 이성의 활동과 깊이 얽혀 있다. 자신의 심층에 잠재하는 자기융해에의 욕망을 제어할 수 있는 이성적인 주체로 하여금 처음으로 자기보존은 가능해진다. 부하에게 노동을 강요하는 오디세우스와 타자에게 부도덕한 폭력을 휘두르는 줄리에트의 모습에서 나타나는 것은 이러한 이성적인 주체와 폭력(게발트)의 뒤얽힘에 다름 아니다.

그렇지만 이러한 이성에서 기인한 폭력을 '자기보존'의 원리로 전면적으로 환원할 수는 없다. 오히려 '자기융해'를 향한 욕동 쪽이 일차적으로 인간을 규정하는 것이고, 오히려 폭력의 근원은 여기에 있다. 그것이 폭력의 두 번째 층이다. 이러한 자기융해에의 벡터를 내포한 미메시스적 충동은 외부 세계에 주체를 적응시킨다는 의미에서는, 물론 그 자체로는 폭력에 직결되는 것은 아니다. 그러나 미메시스적인 충동이 자타미분(自他未分)의 혼돈에 인간을 끌어들이는 것인 이상, 일단 이 힘에 홀린 주체는 자기와 함께 다른 주체를 죽음의 심연으로 끌어들이는 바이오런스의 주체가 될지도 모른다. 미메시스적인 충동에 그대로 몸을 맡겨 바이오런스로 이끌리든지, 그것을 이성으로 제어하여 게발트를 행사하든지 간에 인간은 폭력에 의해 근원적으로 규정되어 있는 것이다.

3 미메시스와 배제의 폭력

물론 미메시스적인 충동이 그대로 바이오런스로 직결되는 것은 아니다. 미메시스라는 관점에서 무엇보다도 먼저 도출되는 사항은, **근원적인 수동성**이라고 해야 할 인간의 조건이다.

시원적인 언어가 압도적으로 강력한 자연을 앞에 둔 무력한 인간의 경악의 외침에서 생겨났듯이 이성에 의한 자연지배도 우선은 인간의 수동성을 단서로 하여 시작된다. 이러한 인간의 근원적인 수동성이야말로 모든 것의 시작이다. 이것 자체에는 어떤 의미에서도 폭력이라 부를 수 있는 요소가 포함되어 있지 않다. 단지 이러한 수동성에 그대로 몸을 맡기는 것은 인간에게 자기융해의 위험을 초래하고, 완전한 수동성이 완전한 자기융해에의 통로가 되는 것임에 틀림없다. 이렇게 인간이 생명체로서 자기보존을 지향하는 한, 미메시스적인 계기는 이성에 의해 압도된 주체의 심층에 침잠되는 것이다.

그러나 애초에 이성이 미메시스를 기초로 하여 성립된 이상, 이성은 자신의 미메시스적인 성격을 완전히 소거할 수 없다. 아무리 이성에 의해 무의식의 바닥에 깊이 억압된다고 하더라도, 미메시스적인 충동이 느닷없이 얼굴을 드러내는 장면도 생길 수 있는 것이다. 게다가 미메시스가 근원적으로 수동적인 성격을 띠고 있는 것이라면 그것은 의식적으로 제어되지 않는 행동으로 인간을 움직이게 한다. 이렇게 인간이 제어할 수 없기 때문에 무궤도로 내달릴 수밖에 없는 힘, 게다가 자타미분의 혼돈에 자기 스스로 타자를 끌어들이는 힘, 이러한 힘의 발로가 바이오런스의 원형이라는 것을 일단 짚어두

자. 미메시스적인 충동이 그대로 바이오런스가 되는 것이 아니라, 오히려 그것이 계기가 되어 바이오런스를 불러일으키는 것이다.

사실 미메시스적인 충동 그 자체는 인간을 외부 환경에 융해시키는 것에 지나지 않기 때문에, 만일 이것이 느닷없이 바이오런스로 분출하더라도 그 힘의 공격 방향이 어디를 향하게 될지는 주체 자신도 알 수 없는 것이다. 그런데 여기서 하나의 문제가 야기된다. 이렇게 무궤도로 발로하는 바이오런스가 때때로 흉폭한 모습으로 **특정 타자에게 향하는** 장면이 있기 때문이다. 이미 확인한 바와 같이 홀로코스트의 폭력은 이성에 의해 조직적으로 계획된 게발트였지만, 그것은 대중 차원에서 퍼져 있던 '반유대주의'적인 심성을 조직화한 것이었다. 그렇기 때문에 여기서는 바이오런스의 공격 방향이 유대인을 향하는 사태가 전제되고 있다. 요컨대 무궤도로 내달릴 수밖에 없는 바이오런스가—주체의 의지적인 제어를 넘어—특정 대상을 향해 분출되는 장면이 있는 것이다. 그 자체로는 특정 벡터를 갖지 않는 미메시스적인 충동이 이처럼 주체를 특정 방향으로 몰아넣는 것은 왜일까. 주체의 의지대로 되지 않는 바이오런스가 어째서 '반유대주의'와 같은 특정한 표적을 향해 분출되는 것일까. 호르크하이머와 아도르노가 『계몽의 변증법』

의 마지막에서 '반유대주의'를 근거로 고찰하고 있는 것은 이러한 물음이다.

물론 '반유대주의'라는 주제는 그들 이외의 논자들도 다양하게 논의해왔다. 비교적 바로 떠오르는 해석의 하나로 스케이프고트(scapegoat)설이 있다. 유대인은 공동체의 성원에게 이질적인 분자로서 외부로 배제되는데, 이에 의해 공동체 내부의 결속은 확고해진다는 것이다. 그렇지만 아렌트도 지적하듯이 이때 속죄의 양으로 선출되는 자가 누구라 하더라도 상관없기 때문에, 왜 다름 아닌 유대인이 증오의 대상이 되는가 하는 물음은 사상되어버린다. 그런 의미에서 스케이프고트설은 반유대주의에 대해서 그 무엇도 적극적으로 말하지 않는 것이라고도 할 수 있다(『전체주의의 기원』). "알겠습니까, 유대인에게는 무언가가 있습니다. 때문에 나는 생리적으로 견딜 수 없는 것입니다." 이것이 반유대주의자의 구실이라고 실존주의 철학자 사르트르는 말한다. 유대인은 타자에게 '유대인'이라 간주되는 사람이고, 해당 유대인 자신이 배제되어야 할 명확한 특징을 지니고 있지 않다는 것이다(『유대인』, 1947). 어딘지 모르게 생리적으로 받아들일 수 없는 두려운 낯선 존재로서의 유대인. 어찌해도 친숙해질 수 없기 때문에 이질적인 것으로 배제한다는 논리. 그렇다면 왜 유대인이 '이질적인' 것으로 간주되는 것일까. 왜 '이질적인' 것이 배제의 대상이 되는 것일까. 아니, 거듭 말하자면 애초에 왜 어떤 존재자가 다른 존재자의 눈에 '이질적인' 것으로 비치는 것일까. 이러한 물음에 대답할 수 없는 한 스케이프고트설은 반유대주의를 만들어낸 객관적 조건은 물론, 반유대주의적인 심성의 내적인 논리를 드러내는 것도 불가능할 것이다.

여기서 아렌트는 스케이프고트설을 단념하고 반유대주의에 관한 정치한 역사 연구로 향했지만, 한편으로는 사르트르적인 물음의 연장선상에서 반유대주의를 파악하고 이질적인 것을 배제하는 심적 기제 그것으로 물음을 일반화하는 길도 가능하다. 호르크하이머와 아도르노도 이러한 방향에서의 고찰을 하나의 유력한 방법으로 선택하고 있다. 이때 그들이 하나의 단서로 삼고 있는 것이 프로이트의 논고 「두려운 낯설음」(1919)이다. 프로이트에 의하면, '비밀로 숨겨야 할 것'이 갑자기 '밖으로 나와버린 것'이 '두려운 낯설음'의 정체이다. 본래 자기 자신과 깊은 관계를 맺고 있음에도 불구하고 의식의 밑바닥 깊숙이 잠겨 망각되었던 것이 뜻밖의 순간에 눈앞에 별안간 나타날 때, 사람들은 그것을 '두려운 낯설음'으로 느끼고 형언할 수 없는 불안에 휩싸여 그것을 물리치려 한다. 여기서 간파할 수 있는 것은 자신에게 본래 '친숙한' 것을 자신의 내부에 있다고 인정하지 않고, 반대로 그것을 '이질적인' 것으로 간주하여 외부로 밀어내려는 주체의 심리기제이다. 이것을 프로이트는 '투사' 없는 '투영(projection)'이라 부르고 있지만 호르크하이머 등에 의하면 반유대주의는 바로 이 투사라는 심적 기제에 기인하고 있는 것이다. 요컨대 '두려운 낯설음'으로서 유대인을 외부로 밀어내려고 하는 반유대주의는 실은 이질적인 타자를 증오하는 것이 아니라 오히려 자기 안에 있는 '친밀한' 것을 증오 · 억압하는 것에 다름 아니라는 것이다.

그렇다면 주체가 유대인에게 은밀하게 느끼는 '친밀한' 것이란 무엇일까. 주체에 의해 억압되어 있는 '친밀한' 것이란 도대체 무엇일까. 호르크하이머 등에 의하면 그것은 문명에 의해 터부로 간주되어온 미메시스적인 충동에 다름 아니다. "문명에 현혹된 자들이 터부시한 그들 자신의 미메시스적 성향을 경험하는 것은, 자신들과는 다른 자들로 인식되는 게다가 합리화된 환경에서는 독립된 잔여, 부끄러워해야 할 잉여로 보이는 그러한 태도나 행동양식이다." 요컨대 근면한 노동과 정주생활을 강요하는 문명인에게는 노동도 하지 않고 금리로 생활비를 벌거나, 정주지를 갖지 못하고 방랑하는—유대인의 이미지와 함께 표상되는—'잔여'와 같은 생활방식이 터부시되어 있는 만큼 실은 위협과 함께 동경의 대상이며 자기 자신이 은밀히 품고 있는 욕망을 그대로 체현하고 있는 것처럼 느껴진다. 그렇기 때문에 오히려 유대인의 존재는 역겹게 느껴지고 공격 · 배제의 표적이 되는 것이다. 게다가 자기보존을 도모하기 위해서 주체는 미메시스적인 계기를 항상 자신의 외부로 배제하지 않으면 안 되고, 이러한 투사의 끝없는 운동이 사회 공간으로까지 확대된 것이 반유대주의인 것이다.

실제로 이러한 투사 운동은 멈출 줄 모른다고 해야 할 것이다. 투사란 자신에게 '친밀한' 것을 자신의 내부에 있는 것으로 인정하지 않고 외부 '타자'에게 그것을 밀어내는 심적 기제인 이상, '타자'라는 것은 실은 자기 자신 속에 잠재적으로 가로놓여 있는 '친숙한' 것의 환영에 지나지 않는다. 따라서 배제되어야 할 '타자'는 실제로 어디에도 실재하지 않는다. 그것은 주체의 무의식 밑바닥에 가라앉아 망각된 것이고, 기껏해야 '어디에도 거처를 갖지 못하는 존재자'라는 모습으로 현전할 수밖에 없는 것이라 해도 좋다(리오타르, 『하이데거와 유대인』, 1988). 그렇다면 '두려운 낯설음'의 존재자는 단지 외부로 배제되는 것만으로 그치지 않는다. '두려운 낯선' 존재자가 존재하는 것 자체를 부정하려 하여 마침내 '두려운 낯선' 존재자로부터 '타자'로서의 지위조차 빼앗고, 그 존재를 송두리째 부정하려고까지 하는 것이다. 그리하여 '두려운 낯선' 것으로서의 유대인은 그 존재 자체가 말소되어야 할 기호로만 표상된다. 따라서 섬멸에의 벡터가 반유대주의 속에 항상 침잠되어 있다고도 할 수 있다. 나치스에 의한 '유대인 문제의 최종해결'은 그것이 가장 야만적이고도 순수한 모습으로 드러난 사례였다고 말할 수 있다.

어쨌든 이와 같이 호르크하이머 등은 반유대주의의 심적 기제로서의 '투사'에 착목한다. 그렇지만 이것은 반유대주의를 과도하게 보편화한 관점이기 때문에, 아렌트와 사르트르의 비판이 더 적합할지도 모른다. 미메시스가 인간 삶의 근본적인 조건인 한, 그리고 자기보존이 생명체로서의 인간에게 불가결한 조건인 한, 반유대주의적인 심성은 투사를 통해 항상 재생산되지 않을 수 없다고도 말할 수 있기 때문이다. 실제로 호르크하이머 등도 "어떤 의미에서는 모든 지각이 투사라고 말할 수 있다"라고 서술하고 있기 때문에 '투사'에 의해 자타를 구별하는 것 자체는 생명체에게 보편적인 현상임을 인지하고 있다.

그러나 호르크하이머 등에 의하면 반유대주의를 전면적인 투사 기제로 환원하는 것은 불가능하다. 자아가 적절하게 형성되기만 하면 투사를 제어하는 일은 가능하다. 예를 들어 **강인한** 자아의 소유자인 오디세우스와 쥘리에트라면, 이성에 의해 자기 내적 자연을 제어하고 타자를 자신의 지배하에서 다스리는 일이 가능하기 때문이다. 그렇지만 허위의 '타자'의 환영을 스스로 만들어낸 반유대주의자의 경우에는, '허위의 투사'로 이끌리며 "미메시스가 환경과 유사해지려고 한다면 허위의 투사는 환경을 자기와 유사하게 만들려고 하는" 것이라고 한다. 반유대주의자의 자아는 취약하기 때문에 현실의 '타자'에게 눈을 돌려 허위의 '타자'의 환영을 두려워하지 않을 수 없다는 것이다. 이와 같이 『계몽의 변증법』에 따르자면 취약한 자아에 의한 파라노이아(paranoia)적인 '병적 증오'야말로 반유대주의의 정체인 것이다.

3장　적대관계와 투기관계

-우애와 적대의 변증법

1　자기와 타자의 뒤얽힘

앞장에서는 호르크하이머와 아도르노의『계몽의 변증법』을 통해 바이오런스와 게발트가 어떻게 자리매김하는지를 개관했다. 물론 이를 그대로 받아들이는 것은 불가능할지라도, 많은 부분 지금 다시 시사점을 부여해주는 텍스트인 것은 확실하다. 이 장에서는 우선 호르크하이머 등의 논의를 출발점으로 하여 Ⅰ부에서 언급한 논점도 되돌아보면서 우리 시대에 적합한 폭력비판론을 구상하는 데 필요한 조건에 대해서 생각해보고자 한다.

우선은 호르크하이머 등의 반유대주의론으로 되돌아가 생각해보자. 요컨대 그들의 논의는 낯선 존재자의 배제가 어떠한 심적 기제에 기반하여 작동하는 것인지를 프로이트에 의거하면서 설명하려는 것이었다. 『계몽의 변증법』에 의하면 문명사의 행로에서 인간의 미메시스적인 충동은 억압되지 않을 수 없다. 그래서 이 억압된 충동이 '두려운 낯설음'으로 회귀할 때, 주체는 그것을 스스로의 존립을 근저에서 위협하는 것으로 보아 기피하고 배제하게 된다. 단지 이렇게 두려운 낯선 존재자를 배제했다고 해서 이질적인 존재자를 일체 포함하지 않고 순수하게 동질적인 공동성이 성립하는가 하면 실제로는 결코 그렇지 않다. 앞서 서술한 것처럼, 이때 주체에게 이질적으로 비친 타자란 실제 자기 자신의 왜곡된 거울상에 다름 아니고, 주체가 이른바 환영의 적을 마음대로 만들어내고 그것을 내쫓아버리는 것에 지나지 않는다. 그러므로 일단 순수하게 동질적인 공간이 성립된 것처럼 보여도 두려운 낯선 존재자는 그 내부에 반목하여 회귀하는 것이다. 반유대주의적 심성의 소유자로부터 생각하면 만일 주위에서 유대인의 존재가 일소되었다고 해도, 그다음에는 다른 존재가가 스스로의 존립을 위협하는 두려운 낯설음으로서 눈앞에 나타나게 된다. 그렇게 하여 순수하게 균질적인 내부공간이라는 환영을 계속 추구하면서 낯선 존재자의 배제는 멈추지 않고 영원히 계속된다.

이러한 호르크하이머 등의 관점에 따르면, '유럽'을 문명권으로 실체화하면서 '비유럽'을 야만적인 영역으로 배제하는 슈미트와 같은 사고는 여기서 말한 반유대주의적 심성으로 이끌리고 있다고도 말할 수 있다. 즉 '유럽'이 '비유럽'을 기피하는 것은 자기 속에 잠재된 미메시스적인 것의 징표를 '두려운 낯설음'으로—무시무시하지만 매혹적인 것으로서—간파하기 때문이고, 유럽/비유럽을 문명/야만의 이분법으로 파악하는 구도란 '유럽'이 '투사'로 만들어낸 허구에 지나지 않는다. 반대로 말하면, '유럽'의 동일성은 '비유럽'이라는 타자가 정립되면서 처음으로 성립되는 형상에 지나지 않는 것이다. 이러한 사고 양식에 포함된 폭력성, 무근거성에 대해서는 이미 Ⅰ부에서 지적했으며, 거듭 말하지만 동일한 구도가 남성/여성, 백인/흑인을 비롯한 수많은 이분법에서도 인지되는 것이다. 어쨌든 호르크하이머 등의 논의는 그러한 사고를 작동시키는 심적 기제에 대해 일단의 설명을 부여하려고 한 것이었다고 할 수 있다.

그렇다면 이러한 이분법적인 사고의 함정은 어떻게 하면 극복할 수 있는 것일까. 당장 『계몽의 변증법』에 입각하여 생각해보면 이러한 폭력의 계기가 되는 것이 미메시스적인 것의 억압인 이상, 하나의 방도로서 가장 먼저 떠오르는 것은 억압으로부터 주체를 해방시켜 내적 자연을 전혀 억압하지 않는 주체의 모습을 구상하는 일일지도 모른다. 문명은 자연을 억압하고 그 억압이 폭력을 낳기 때문에 이러한 억압으로부터의 해방이 필요하다는 것이다. 실제 이러한 해방의 이미지는 예컨대 루소류의 '자연으로 돌아감'이라는 슬로건에서 전형적으로 간파되는 것처럼 반근대적인 사고의 계보 속에서 반복하여 이야기되어왔다. 그러나 이러한 낭만주의적인 문명 비판의 어조는, 문명으로부터 침해당하지 않은 본래적으로 무구한 자연을 실체화하고 있다는 점에서 다소 소박하다고 말할 수 있다. 오히려 그러한 '본래성'이라는 관념에 의거한 '근대의 초극'이야말로 파시즘의 요체였던 것을 잊어서는 안 되며, 호르크하이머와 아도르노 자신이 가장 경계한 것도 이 '본래성'이라는 관념을 야기하는 현혹 작용이었다(아도르노, 『본래성이라는 은어』, 1964). 인간은 이미 자연에서 일탈해버린 존재이고, 되돌아가야 할 본래적인 자연은 어디에도 없다는 것이 그들의 기본적인 입장인 것이다.

그러나 여기서 호르크하이머 등의 사고는 다소 성가신 물음에 봉착한다. 그들은 소박하게 억압으로부터의 해방을 몽상하지는 않는다. 만일 내적 자연으로서의 미메시스적인 충동이 이성에 의해 통제된다면 주체의 의지대로 되지 않는 바이오런스가 느닷없이 발동될지도 모르기 때문이다. 그러한 반유대주의적인 야만을 회피하는 것은 역시 이성에 의해 내적 자연을 통제하는 일에 다름 아니다. 그렇지만 그것은 오디세우스와 쥘리에트의 경우에서 볼 수 있듯이, 주체가 타자에 대해 게발트를 행사하는 사태를 야기한다. 즉 주체가 미메시스적인 충동에 그대로 몸을 맡긴다면 바이오런스로 이끌려버릴지도 모르지만, 그것을 이성에 의해 제어하려고 하면 게발트를 행사하는 주체가 되지 않을 수 없다. 어쨌든 인간은 폭력에 의해 근원적으로 규정되고 있는 것이다. 그런데 호르크하이머 등으로부터 생각하면, 반유대주의적 심성으로 이끌려버리는 **취약한** 주체보다는 그것을 이성으로 통제할 수 있는 **강인한** 주체인 편이 훨씬 **나은** 상태일 것이다. 자신의 내부에 잠재하는 바이오런스의 싹을 억누르면서도 자신이 게발트의 주체임을 피할 수 없다는 것 또한 충분히 인식하고, 그것을 통제할 수 있을 정도의 강인한 이성을 지닌 주체가 되는 것. 이것이 호르크하이머와 아도르노가 폭력을 극복하기 위해 내세운 방도였다.

그런데 『계몽의 변증법』에 의하면 이때 취약한 주체와 강인한 주체를 구별하는 하나의 지표가 '투사'를 통제할 수 있는지의 여부였다. '허위의 투사'에 이끌린 취약한 주체는 현실의 타자에게 눈을 돌려 허위의 타자의 환영을 두려워하는데 이에 반해 강인한 주체란 '투사'를 의식적으로 통제하고 현실의 타자를 확실한 타자로 받아들이는 것이 가능한 주체에 다름 아니다. 이와 같이 자기로부터 구별된 타자를 타자로 인식한다는 것은 바꿔 말해 얼핏 보면 순수하게 동질적인 공동성이 성립하고 있는 것처럼 보이는 평활한 공간 속에서 불협화음을 알아차리는 것이다. 요컨대 폭력의 극복이라는 과제를 달성하기 위해서는 자기와 타자가 매개 없이 화해한 경지를 성급히 요구하지 않고, 무엇보다도 먼저 적대관계(antagonism)를 부각시켜야 하는 것이다. 헤겔에 의하면 주체와 객체를 '구별'하는 것이야말로 양자를 '매개'하는 단서가 되고, 타자를 '타자'로서 변별하는 것에 의해 비로소 유화(宥和)—그것이 어떠한 의미에서의 '유화'인 것인가는 일단 보류하고—의 가능성도 열린다.

물론 이것은 유럽/비유럽을 대립시킨 슈미트의 논의와 비슷하면서도 다른 사고이다. 슈미트는 '유럽'의 문화적인 동질성을 상정하여 그 내부에 심각한 적대관계는 존재하지 않는다고 생각했다. '비유럽'에 대해서도 그러하다. 요컨대 슈미트의 논의에서 대립하는 두 항은 각각 고유의 본성을 지닌 불변의 문화적 단위로 간주되어 양자의 내부가 서로 뒤섞일 가능성, 즉 '매개'의 가능성은 전혀 상정되지 않는다. 요컨대 지극히 정태적인 적대관계이다. 한편 호르크하이머와 아도르노가 생각하는 적대관계는 대립하는 두 항이 서로 격렬하게 작용하여 양자의 척력과 인력이 길항하는 '힘의 장'이 형성되는 것과 같은 동태적인 적대관계이다. 애초에 유럽/비유럽이라는 이분법은 자의적이지만, 만일 '유럽'을 하나의 단위로 인식한다고 해도 그 내부에는 틀림없이 적대관계의 축이 몇 개나 그어져 있을 것이고, 도처에 대립 · 항쟁이 만연해 있다고 간주해야 할 것이다. 그렇기에 '대지의 노모스'를 고집하는 슈미트의 논의는 그러한 적대관계를 은폐하는 것에 지나지 않는다.

그렇지만 적대관계를 중시하여 말하면, 실로 그것은 슈미트 사고에서의 키워드였다. 슈미트의 논의가 최종적으로는 전술한 함정에 빠져버렸지만 거기서 보여준 분석에는 일고의 가치 있는 논점이 포함되어 있다. 만일 호르크하이머와 아도르노에 의거하여 적대관계에 내재한 유화의 가능성을 탐색한다고 해도 그러한 '유화'가 넘어야 할 허들의 질을 밝히는 데에는 슈미트의 논의를 먼저 일별해둘 필요가 있을 것이다. 그러므로 아래에서는 슈미트의 『정치적인 것의 개념』(1927)을 단서로 하여 폭력비판론에서 적대관계가 지니고 있는 의미에 대해서 생각해보고자 한다.

2 적대관계에 내재한 정치

그런데 『정치적인 것의 개념』의 기본 명제는 맥이 빠질 정도로 간단명료하다. 즉 슈미트는 동지/적이 확실하게 구분되고 양자 사이에 투쟁이 현실적으로 일어날 수 있는 가능성이야말로 '정치적인 것'을 본질적으로 형성하고 있다고 한다.

물론 도덕적으로는 선/악, 미적으로는 미/추, 경제적으로는 이/해가 각각의 영역에서 결정적인 식별의 지표가 되고, 그에 따르는 도덕적, 미적, 경제적 등의 관점에서 사람들은 서로 결집하거나 이반한다. 그렇기 때문에 현실 세계에서는 다양한 차원의 집합적 아이덴티티가 성립할 수 있으며, 다종다양한 대립관계가 존재할 수 있는 것이다. 그러나 슈미트가 보기에 그러한 대립관계 그 자체가 반드시 정치적인 의미의 대립이라고는 말할 수 없다. 정치적이라 부를 수 있는 대립관계는 실제로 투쟁이 생길 수 있는 정도로까지 대립이 양극화된 관계이고, 궁극적으로는 선/악, 미/추, 이/해라는 지표를 넘어서 사람들을 동지/적으로 양분하는 것이다. 반대로 말하면 만일 순수하게 도덕적, 미적, 경제적 등등의 동기에서 대립이 생겼다 하더라도 그것이 현실적인 투쟁으로까지 도달할 가능성이 없는 경우에는 정치적인 적대관계라고 말할 수 없다는 것이다.

오히려 원래의 동기에서 생각하면 적대하는 상대와도 손을 잡고 일치단결하여 적과 싸워야 하는 국면이 실제로는 일어날 수 있는 것이고, 이러한 동지/적으로의 양극화야말로 '정치적인 것'의 본질을 구성하고 있다는 것이 '정치적인 것'을 둘러싼 슈미트 논의의 요체이다.

여기서 '정치적인 것'의 관건으로 간주되고 있는 것이 투쟁이라는 점은 말할 필요도 없다. 그러한 의미에서 슈미트는 '만인의 만인에 대한 투쟁'으로 인간의 본질을 파악한 홉스의 정통적인 계승자였다고 말할 수 있을지도 모른다. 물론 홉스와 슈미트 사이에는 적지 않은 차이가 가로놓여 있다. 홉스의 경우, 전쟁상태는 어디까지나 **자연 상태**로 간주되고 절대적인 권력에 의해 투쟁이 해소된 상태가 시민 상태(**정치적 상태**)로 자리매김했던 데 반해, 슈미트는 오히려 이 자연 상태야말로 정치적 상태에 다름 아니라고 생각한다(스트라우스, 「칼 슈미트 『정치적인 것의 개념』에 대한 주해」, 1932). 즉 홉스가 '만인의 만인에 대한 투쟁'을 전정치적인 자연 상태 속에 자리매김한 이래, 투쟁과 폭력의 차원이 오히려 정치적인 것의 심층에 잠겨 있었다고 한다면 슈미트는 다시금 그것을 파헤치려고 했던 것이다.

물론 현행 법질서가 유지되고 규범(norm)이 기능하고 있는 일상적인 국면에서는 이러한 투쟁의 차원이 표면화되어 나타나지 않는다. 그러나 슈미트에 의하면 "예외상태야말로 특히 결정적인 사항의 핵심을 들추어내는 의미를 지닌다." 요컨대 규범이 전혀 통용되지 않는 비상사태, 전쟁과 혁명 등의 예외적(abnormal)인 상태에서 비로소 타자를 물리적으로 살육하는 폭력의 가능성이 새어나와, '정치(politics)'의 바닥에 잠겨 있던 '정치적인 것(the political)'의 심연이 빠끔히 입을 벌린다는 것이다. 이와 같은 슈미트의 사고는 법질서의 정립과 보존의 배후에서 폭력의 계기를 간파한 벤야민의 착상과도 서로 겹친다. 그렇다면 정치에 포함된 투쟁과 폭력의 차원을 이 정도로까지 선명하게 부각시켰던 것은 슈미트를 제외하고 아무도 없었다고도 말할 수 있을 것이다. 슈미트는 이를테면 홉스를 환골탈태하여 근대정치에 파묻혔던 암흑의 코드를 척결한 것이다. 실제로 여기서 드러나는 것은 주권국가를 자명한 전제라고 말한 근대정치의 문법을 근저에서부터 재고한 논리였다고 할 수 있다. 슈미트가 내려친 비판의 칼은 무엇보다도 먼저 '국가'와 '정치'를 망설임 없이 직결시킨 근대의 통념으로 향해 있었던 것이다.

한층 더 슈미트에 의한 홉스의 환골탈태라는 관점에서 간과할 수 없는 논점이 있다. 홉스에게 투쟁의 주체란 문자 그대로

'만인', 즉 뿔뿔이 흩어져 존재하는 독립적 개인이었던 데 반해, '정치적인 것'의 지표를 동지와 적의 투쟁으로 보기 시작한 슈미트에게는 이 투쟁의 담당자가 당연히 집단이어야 했다. 이 점에서 슈미트는 원자적인 개인을 이성적인 행위주체로서 상정한 근대의 자유주의적인 정치이론에 대한 가차 없는 비판자였다고 말할 수 있다. 스트라우스의 도식을 빌린다면 개인의 자유가 확립되지 않은 전근대적인 세계에서 자유주의의 원리를 기초 지으려 했던 것이 홉스였다면, 자유주의적인 근대세계의 한복판에서 인간본성의 위험함, 동지/적의 대립의 심각함을 간과한 자유주의의 함정을 비판하려고 했던 것이 슈미트였던 것이다.

이러한 슈미트의 사고에는 폭력비판론에서의 불가결한 논점이 포함되어 있다고 봐야 할 것이다. 이미 반복하여 확인한 것처럼 경계선을 그어 특정한 사람들을 그 내부에 몰아넣고 그 이외의 사람을 외부로 배제하는 일은 근대정치가 지닌 폭력적인 모습 중 하나였다. 바꿔 말하면 계급, 젠더, 민족, '인종' 등등의 축에 따라 경계선을 긋고 사람들을 특정한 집합적 아이덴티티로 가두는, 예컨대 남성/여성, 백인/흑인과 같은 이분법에 기초한 계급질서를 구성하는 것에서 근대정치의 폭력성을 간파해야 한다는 것이다. 그러나 어디까지나 자유롭고 독립적인 개인만을 행위 주체로 상정하는 자유주의 원리에 따르는 한, 이러한 집합적 아이덴티티를 둘러싼 문제를 적절하게 포착하는 것은 어렵다. 오히려 개별 주체의 아이덴티티를 오로지 대문자 주체인 '국민'으로 회수하고, 집합적 아이덴티티를 국민국가로만 정립시켜왔던 것이 근대정치의 문법이었다. 동지/적의 대립 속에서 '정치적인 것'의 본질을 간파한 슈미트의 사고에는 개인을 행위 주체로 하면서 이를 무매개적으로 국가에 접속시킨 근대적인 사고 회로를 일단은 근절하고, 국가 이외의 차원에서도 얼마든지 경계선의 폭력이 작동하고 있다는 점에 시선을 돌릴 수 있는 가능성이 **적어도 논리적으로는** 포함되어 있었다고 할 수 있다.

그런데 슈미트의 논의가 최종적으로 향했던 것은 지금 본 것과는 정반대 방향이었다. '정치적인 것'에 관한 슈미트의 논리에 순순히 따르면 동지/적의 대립은 다양한 차원에서 성립할 수 있기 때문에 투쟁의 담당자가 반드시 국가에 한정되지는 않는다. 그럼에도 불구하고 슈미트는 주권국가만을 정치적 단위로 간주해버린다. 요컨대 슈미트는 애초에 '국가'와 '정치'를 직결시킨 사고를 비판하고 있었음에도 불구하고, 결국 '정치적인 것'의 문제를 주권국가 간의 대립이라는 국제관계로 옮겨버린 것이다.

물론 이에 대한 슈미트 나름의 해명은 존재한다. 무엇보다도 그가 피할 수 없었던 것은 복수의 세력 사이에서 국가가 분열하는 '내전' 상태였다. 이 비상사태(예외상태)에 종지부를 찍고 질서를 가져오려면 지고의 권력을 지닌 주권국가가 진짜 적을 가늠하고 그것을 제압하지 않으면 안 된다. 이러한 생각에서 슈미트는 주권국가를 유일한 정치적 단위로 간주했던 것이다. 그렇지만 국가가 '단위(unit)', 즉 '하나(uni-)인' 것은 역시 하나의 의제에 지나지 않는다. 그 내부에는 실로 적대관계가 얼마든지 숨겨져 있고, 그러한 적대관계 일체를 '하나인' 것의 내부에 가두고 적대관계의 소재를 주권국가 간으로만 보려는 것은 슈미트 자신의 논리를 배반하는 것이다. 게다가 슈미트는 '정치적인 것'의 권역을 주권국가체계로 옮겨서 보는데, 『대지의 노모스』에 의하면 그 자체가 실은 '유럽'이라는 동질적인 '단위'를 전제로 한다. 요컨대 그 내부에서의 적대관계는 어디까지나 형제 싸움과 같이 한정적인 것이고, 동지/적의 절대적인 대립은 결코 아니다. 이와 같이 슈미트는 근대정치의 밑바닥에 잠겨 있던 '정치적인 것'을 일단 끄집어내지만, 최종적으로는 그것을 봉쇄해버리는 것이다.

그렇다면 이러한 슈미트의 사고에 잉태된 가능성과 한계를 밝히면서, 슈미트를 환골탈태하는 것을 통해 적대관계에 내재한 새로운 정치의 모습을 구상하는 일은 과연 가능한 것일까. 혹은 어떠한 형식이라면 가능한 것일까. 현대 정치이론 분야에서 말한다면 무페의 「급진 민주주의」론(『정치적인 것의 귀환』, 1993)과 코널리의 「투기적 민주주의」론(『아이덴티티/차이』, 1991) 등이 그러한 지향을 지닌 시도라고 말할 수 있다. 특히 무페는 슈미트의 비판적 계승자임을 스스로 선언하고 있다.

무페에 따르면 인간은 항상 무언가 집합적 아이덴티티에 각인되지 않을 수 없다. 게다가 그러한 자기(우리)의 획정은 실로 타자(그들)의 배제를 수반하지 않을 수 없으므로 어쩔 수 없이 적대관계를 품어버린다. 요컨대 낯선 존재자를 일체 포함하지 않는 완전하게 '하나인' 것을 구현한 공동체를 형성하는 일은 원리적으로 불가능하다는 것이다. 무페가 볼 때 슈미트의 동지/적 이론은 그러한 관점을 우리에게 열어준다는 의미에서 적극적으로 평가할 수 있다. 물론 슈미트는 최종적으로 동질적인 공동체를 실체화해버리기 때문에 그의 논의를 전면적으로 받아들이기는 도저히 불가능하다. 그러나 그 점에 대해서는 슈미트에 대항하면서, 어떠한 집합적 아이덴티티도 타자를 조정하고 배제하는 폭력에 의해서 구성되지 않는다는 점에 입각한다면, 복수의 가치가 항쟁하는 상호 적대적인 공간을 기반으로 한 철저하게 다원적인 데모크라시를 구성하는 일이 가능하지 않을까 하는 것이 무페 논의의 대략적인 방향성이다.

여기서 무엇보다도 중요한 사항으로 간주되는 것은 실제로 존재하는 다양한 적대관계를 결코 은폐하지 않는 것, 오히려 그러한 적대관계 속에서 생기는 차질과 알력을 진지하게 받아들이는 것, 요컨대 다원성과 투쟁을 최대한으로 존중하는 것이다. 그러한 의미에서 이것은 다문화주의와도 겹치는 측면을 지닌 주장이다. 이 책 I부에서는 다문화주의가 만일 집합적 아이덴티티를 닫힌 실체로 간주해버린다면, 국민국가에 내재하고 있는 포섭-배제의 폭력이 작동할지도 모른다는 것을 지적했다. 그러나 무페는 아이덴티티가 사회적 · 역사적으로 구축된 것이라는 점에 입각하여, 그러한 아이덴티티의 고정화를 단호하게 물리치려고 한다. 무페가 볼 때 사회 공간 속에는 계급, 젠더, 민족 등등을 축으로 한 다양한 권력관계가 겹겹이 둘러쳐져 있어 어떠한 개인의 아이덴티티도 복수의 적대관계 속에서 중층적으로 결정되지 않을 수 없다. 요컨대 개인은 단지 하나의 집합적 아이덴티티로만 규정되는 것이 아니라는 것이다. 이와 같이 개인을 횡단하는 적대관계의 중층성 · 다원성으로 눈을 돌린다면, 단일하게 절대적인 동지/적 관계로 일체를 회수해서는 안 될 것이고 또한 실제로 회수되는 것도 아니다. 이와 같이 무페는 폭력이 무한 증대될 가능성을 품은 슈미트적인 의미에서의 '적(enemy)'이 아니라 '경쟁상대(adversary)'로서 서로의 존재를 관용으로 대하면서 복수의 가치와 이해가 복잡하게 뒤얽힌 쟁점을 둘러싸고 서로 논쟁하는, 그러한 다원적인 데모크라시의 모습을 구상하는 것이다.

이것은 확실히 슈미트를 환골탈태한 시도라고 말할 수 있을 것이다. 실제로 여기서 슈미트의 동지/적 개념은 사라진다. 그리고 투쟁은 결코 절대화되지 않는 게임과 같은 것, 무페의 말을 빌리면 '투기(agon)'로 변환되고 있다. 하지만 그리 간단하게는 일이 진척되지는 않는다. 오히려 정말 성가신 문제는 여기서부터 시작된다. 이처럼 게임으로서의 투기관계(agonism)가 성립하려면 게임의 룰이 서로 공유되지 않으면 안 된다. 반대로 말하면 이 룰을 공유하지 않는 존재자는 슈미트적인 의미에서 '적'이 되어버리기 때문에, 거기에서 폭력의 절대화가 불가항력적으로 발생하게 된다. 과연 그러한 '적'과 어떻게 마주하면 좋을까. 이것이야말로 폭력비판론에서 가장 성가신 물음이라 할 수 있다. 그런데 무페는 "민주적인 게임의 룰을 받아들이지 않는 사람들, 그러한 정치공동체로부터 자신을 제외하는 사람들에 대해서 '적'의 카테고리는 여전히 적절하다"고 하면서 이 물음을 보류해둔다. 여기서 간과할 수 있는 것은 룰에 따라 한정전쟁을 행하는 '유럽 공법'을 찬양하면서 법 외부공간에서의 야만적인 폭력은 불문에 붙여버린 『대지의 노모스』의 슈미트와 거의 혼동될 정도로 유사한 논리라는 것이다. 그리하여 문제는 원점으로 되돌아온다. 관용을 둘러싼 고전적인 아포리아, 즉 관용의 룰을 공유하지 않는 존재자—슈미트가 말한 '적—를 관용으로 대하는 것은 가능한 것인가 하는 물음이 여기서 다시 부상하는 것이다. 따라서 우리들은 다시 슈미트의 문제로 되돌아가게 된다.

3 과제로서의 폭력비판론

그렇다고 하더라도 슈미트는 왜, 거듭 말해 우리는 왜, 이렇게까지 집요하게 '적'에 대해 말하지 않을 수 없는 것일까. 슈미트는 "적이란 형태로서 우리 자신의 문제이다"라고 말한다(『파르티잔 이론』, 1963). 약간 수수께끼 같은 이 말이 시사하고 있는 것은 "적은 누구인가"라는 물음이 "동지(우리)는 누구인가", 더욱이 "나는 누구인가"라는 물음과 직결된다는 것이다. 반대로 말하면 '자기'를 그 자체로 정립하는 것은 불가능하고 오로지 '타자'와의 관계 속에서만 정립할 수 있다는 것이다.

그러한 정립작용에 잠재한 폭력에 대해서는 다시 반복할 필요도 없을 것이다. 전술한 슈미트의 말은 이와 같은 아이덴티티를 둘러싼 문제를 예리하게 나타내는 것이라고 할 수 있다. 『정치적인 것의 개념』의 슈미트는 이러한 정립의 폭력을 적극적으로 찬양한다. 슈미트로부터 생각하면 '적'을 정립함에 의해 비로소 진정으로 본래적인 자기의 윤곽이 확실시되고, 생사를 건 '적'과의 싸움이 인간 실존에 있어 지극히 중요한 것이기 때문이다. 반대로 말하면 이와 같이 진정으로 본래적인 자기를 손에 넣고 싶다는 욕망이야말로 투쟁을 절대화시켜 폭력의 무한 증대를 야기한다.

한편 『대지의 노모스』의 슈미트에게 "우리는 누구인가", "나는 누구인가"라는 실존적인 물음에 대한 대답은 이미 주어져 있었다. 요컨대 '유럽인'인 것이다. 이와 같이 진정으로 본래적인 자기의 윤곽을 이미 손에 넣은 이상, '적'과의 생사를 건 투쟁은 슈미트에게 불필요하게 된다. 비유럽은 무법지대의 어둠으로 폐기되고 그 주민은 '경쟁상대'도 아니기 때문에 '적'이라고도 표현하기 어려운 존재, 단적으로 말하면 '비인간'으로 간주되는 것이다. 이리하여 유럽 내부의 동질적 공간에서는 폭력의 무한 증대가 제동 걸리지만 비유럽에 대한 침략은 이것에 의해 정당화되어간다. 바꾸어 말하면 법 내부에서의 폭력의 한정화란 법 외부에 대한 폭력의 절대화에 의해 지탱되는 것이다. 어쨌든 이와 같이 폭력을 뒤에서 지탱하고 있는 것은 진정으로 본래적인 '유럽'이라는 자기상임에 틀림없다. 요컨대 이러한 경계선 외부를 향해 휘둘려진 폭력의 연원을 더듬어보면 역시 진정으로 본래적인 자기라는 관념과 맞닥뜨리게 된다.

결국 슈미트의 논의에서 부상하는 것은 진정한 자기에 도달하고 싶다는 실존적인 욕망이 인간에게 늘 따라다니고 있으며, 더욱이 이 욕망이야말로 타자에 대한 폭력을 증대시키는 요인이 아닌가 하는 것이다. 벤야민의 '법 정립적 폭력'론이 시사하고 있듯이 무언가를 정립하는 행위에는 어쩔 수 없이 폭력의 계기가 늘 따라다닌다. 정립되는 것이 법이 아니라 자기라는 존재라고 해도 마찬가지이다. 타자로부터 구별된 자기의 윤곽을 선명하게 그리려고 하면 그것은 자연히 자타를 구별하는 경계선을 정립하는 일이 되기 때문에, 아이덴티티의 정립에 폭력의 계기가 따르는 것은 피할 수 없다. 그럼에도 불구하고 사람은 타자로부터 구별되는 **존엄한** 존재로서 자기를 정립하려는 욕망을 완전히 폐기할 수 없을 것이다. 자타미분의 혼돈 속에서 자기가 삼켜진다면 자기보존은 위태로워진다. 그렇다고 하면 자기의 존엄성을 추구하는 욕망은, 다시 말해 그것에 늘 따라다니는 경계 정립의 폭력은 인간의 근원적인 조건이라고 해야 할지도 모른다.

그러나 적어도 다음과 같이 되물을 여지는 남아 있다. 가령 우리 삶의 현실이 다양한 타자성으로 부단히 침식되고, 따라서 유동적으로 옮겨지기 쉬운 것이라고 해도 내적 타자성을 깨끗하게 씻어버리고 진정한 자기로 도달하려고 하는 것과는 다른 방식으로, 자기의 존엄성을 생각하는 일이 가능하지 않을까. 다양하고 이질적인 것에 언제나 이미 침식되어 차질과 알력을 끌어안으면서 변해가지 않을 수 없는 자기의 그러한 불순에 유동적인 모습 그 자체를, 존엄하고 단독적인 삶의 조건으로 생각하는 일도 가능한 것은 아닌가 하는 것이다. 즉 자기의 존엄함에의 물음은 자기의 진정성·본래성에의 물음에 곧장 결부되는 것은 아닌가 하는 것이다. 어쨌든 타자성을 배제하고 본래적인 자기를 추구하는 것이 아니라, 오히려 타자성에 항상 침윤되어 유동적이지 않으면 안 되는 자기의 모습을 긍정하는 것, 여기서 '신화적 폭력'으로부터의 탈출구를 탐색해보는 것도 가능할 것이다. 그래서 이러한 탈중심적인 자기의 가능성을 생각하려고 할 때, 호르크하이머와 아도르노가 말한 '미메시스' 개념은 하나의 유력한 단서가 될 것이다. 미메시스에는 주체의 동일성을 내부로부터 붕괴시키는 계기가 포함되어 있기 때문이다.

호르크하이머 등에 의하면 미메시스란 외부 세계에 자기를 다가가게 하는 성향이다. 그러한 성향은 자연히 자기융해의 벡터를 포함하고 있기 때문에 자기보존을 주선율로 하는 문명사에서는 억압되어 표면화되지 않지만, 그럼에도 불구하고 주체의 깊은 곳에 이 미메시스적인 계기가 분명히 가로놓여 있다. 그러므로 사람은 때때로 자기의 내부로 뛰어들어온 타자성의 힘에 이끌려 자명하다고 생각하고 있던 자기의 윤곽이 흔들리는 장면을 경험하는 것이다. 물론 이러한 타자성은 자기보존을 위태롭게 하는 계기를 내포하고 있기 때문에, **취약한** 자아의 소유자라면 이것을 '두려운 낯설음'으로 간주하여 반사적으로 기피, 배제하게 된다. 반유대주의란 그러한 반응의 가장 전형적이고 극한적 현상에 다름 아니다. 이에 대해 호르크하이머 등이 전망한 것은 이러한 자기의 동일성이 근저에서부터 흔들리는 타자성과의 만남을 오히려 적극적으로 받아들일 수 있는 주체의 가능성이다. 호르크하이머와 아도르노가 요청하는 비판적 주체란 미메시스적인 경험을 기피하지 않고 받아들이면서도 그것에 전면적으로 휩쓸려 자기를 잃어버리지 않는 그러한 **강인한** 주체의 모습인 것이다.

물론 이것이 상당히 고통스러운 선택임은 부정할 수 없다. 호르크하이머 등의 논의는 원래 이성에 의한 내적 자연의 억압을 통해 형성된 주체의 모습 자체에 반유대주의적 심성으로 연결될지도 모르는 위험이 잠재되어 있는 것은 아닌가 하는 설명 도식이었다. 이와 같은 도식을 전제한 뒤에, 억압으로부터의 전면적인 해방이라는 길도 취하지 않고 자기의 구조로부터 일탈하려고 하는 내적 자연을 적절히 통제할 수밖에 없다는 것이 호르크하이머 등의 기본적인 생각이었다고 해도 좋다. 그러나 그것은 동시에 소시민적 가족에서 성장한 이성애적 주체를 정상적이고 건전하다고 간주한 정신분석학의 이데올로기로 빠지기 쉬운 위험한 길이기도 하다. 만일 이러한 주체가 그들이 상정하는 **강인한** 주체의 모델로 간주되면, 결국 그것은 정상/이상이라는 이분법에 입각한 또 다른 '본래성'의 신화에 갇히게 된다. 그리고 실제 호르크하이머 등의 사고 또한 그러한 함정을 충분히 피하고 있다고 단언할 수 없는 부분이 있다. 이 점에 대해 그들의 사고에 내포된 문제성으로 확실히 파악해두지 않으면 안 된다.

그러나 이를 근거로 한 뒤에도 호르크하이머 등의 사고에서 적극적인 가능성을 발견하는 일이 불가능하지는 않다. 미메시스를 둘러싼 그들의 사고를 규명해가면 어떠한 자기도 타자성의 침식으로 인해 유동적이지 않을 수 없다. 따라서 이성애적 주체를 정상적이고 건전하다고 간주한 그들 자신의 암묵적인 상정도 근저에서부터 흔들리게 된다. 어쨌든 여기에서는 슈미트적인 동지/적의 이분법을 극복하기 위한 단서가 나타나고 있다. Ⅰ부의 끝 부분에서 언급한 데리다의 '환대'라는 사고의 목표도 이러한 호르크하이머 등의 사고와 중첩시킬 때 더욱 확실해진다. 진정으로 본래적인 자기를 추구하는 것이 아니라 자기의 영역에 폭력적으로 뛰어들어온 '완전한 타자'를 배제하지 않고 적극적으로 수용해가는 것. 그것에 의해 발생하는 자기의 아이덴티티의 흔들림을 긍정적으로 받아들이는 것. 무페가 말하는 '급진 민주주의' 이념도 이것에 의해 가까스로 유효할 것임에 틀림없다. 혹은 코널리가 말하듯 '아이덴티티의 적대관계(antagonism)를 차이의 투기관계(agonism)로 전환하는 것'이 데모크라시의 과제라고 한다면(『아이덴티티/차이』), 그러한 '투기관계'란 무엇보다도 이러한 타자와의 미메시스적인 관계를 내포한 것이다(사실 코널리의 '투기' 개념에는 이러한 함의가 포함되어 있다고도 말할 수 있다).

물론 '투기'든 '환대'든 원리적인 차원에서 제기된 이념에 지나지 않기 때문에, 이를 그대로 실행에 옮기는 것은 매우 어려운 일이다. 모든 난민을 무조건 수용하는 일이 과연 현실 주권국가에서 가능한가, 혹은 테러리스트조차 무조건 환대해야 할 것인가라고 한다면, 분명 현실은 그렇게 간단하지는 않다. 순수한 '투기', 순수한 '환대'는 단적으로 말해 불가능하다고 해야 할지도 모른다. 그렇지만 그러한 불가능성 때문에 곧바로 이들 이념을 거절한다면, 그것은 또 다른 극론으로 빠지는 일일 것이다. 이념이란 애초에 현실세계에서는 경험 불가능한 것이고, 게다가 이러한 불가능한 장소에서 비로소 보이는 현실이다. 수학에 비유해 말하자면, 제곱하면 음수가 되는 '허수(imaginary number)'처럼 눈에 보이지는 않지만 자연수만으로는 대처할 수 없는 세계가 확실히 존재한다.

예를 들어 데리다가 볼 때, 하버마스 류의 '관용'은 '조건부 환대'에 지나지 않지만 '환대'라는 불가능한 이념을 상정하기 때문에 '관용'의 한계도 명확해진다. 게다가 '조건부 환대'의 그 '조건'을 밝혀가는 것이 현실 정치에 부과되고 있는 일임에 틀림없다. 더욱이 이러한 불가능한 이념이라는 것으로부터 말하면, 벤야민이 말하는 '신적 폭력'이 가장 적합한 것이라고 해야 할지도 모른다. 이것을 현실 세계에서 억지로 가시화한다면, 그것이야말로 제곱한 허수와 같이 음수의 속성을 띤 것으로서 드러날 수밖에 없다. 벤야민은 「신과 역사」에서 다음과 같이 쓰고 있다.

진정한 신적 폭력이 **파괴적이지 않은** 모습으로 현현하는 것이 가능한 것은 도래해야 할(성취된) 세계에서밖에 없다. 그것에 대해서 신적 폭력이 현세 속에 기입될 경우에는 파괴가 가득 찬다. 따라서 이 세계에서는 어떠한 항상적인 것도, 또한 어떠한 형성도, 신적 폭력을 근거로 설정될 수 없다. 더구나 신적 폭력을 근거로 한 지배를 이 세계의 최고 원리로 세울 수도 없다.

—「신과 역사」, 1919~1920.

이렇게 보면 '신적 폭력'에 의한 '신화적 폭력'의 근절이라는 벤야민의 전망도 현실 세계에서 그대로 실현할 수 있다고 생각하는 것은 역시 무리가 있다. 오히려 현실 세계에서 우리가 취할 수 있는 방도로서 여기서 주목하고 싶은 것은, 벤야민이 말한 '순수한 수단의 정치', 즉 '대화'의 가능성이다. 애초에 이 '대화'는 대등한 주체들의 투명한 커뮤니케이션일 수 없다. 벤야민이 '대화'에서의 '거짓말'은 처벌받지 않는다고 서술하는 것도, 그것이 확실히 교섭(negotiation)의 기술이라는 것을 단적으로 말해준다. 이것은 '올바른 수단이 목적을 정당화한다'라는 합법성의 논리에도 '올바른 목적이 수단을 정당화한다'라는 정의의 논리에도 결코 회수되지 않는, 말하자면 **법 앞에서** 이루어지는 **순수한 기술**인 것이다. 비대칭적인 대립관계 속에서 발생하는 차질과 알력을 정면에서 받아들이면서 때때로 자신이 상대 쪽으로 다가가서, '분쟁의 비폭력적인 조정' 가능성을 탐색해가는 것, 이것이 벤야민이 말한 '대화'의 내실인 것이다.

이것은 '투기'와 겹치는 사고이기도 하다. 비록 벤야민 자신이 '신적 폭력'의 직접적인 현현을 희구하고 있었다고 해도, '신화적 폭력'으로부터의 해방을 전망하면서 위험한 '대화'를 부단히 시도하는 '순수한 수단의 정치' 자체는 일종의 '투기'라 불러도 좋을 것이다. 호르크하이머와 아도르노가 적대 관계에 내재된 유화를 전망하는 경우에도, 거기서 상정된 '유화'의 이미지라는 것은 최종 목표로 도달하지 않는 부단한 교섭과 미메시스적인 상호변용의 과정 그 자체였다고 할 수 있다. 어쨌든 '최종해결'이 최대의 악이라는 인식이야말로 20세기의 경험이 우리에게 남긴 최대의 교훈이라면, '최종해결'만은 피해야 한다는 당위가 우리 시대의 '최소한의 도덕(Minima Moralia)'이 된다. 물론 "아우슈비츠 이후 시를 쓰는 것은 야만이다"라고 중얼거리는 것은 무력한 일임에 틀림없다. 그러나 '최소한의 도덕'은 '순수한 수단의 정치'를 지닌 것으로 폭력 비판의 최대 무기로 전화한다. 불가능한 이념을 결코 손에서 놓지 않고, 예를 들어 '조건부 환대'의 그 '조건'의 타당성을 부단히 밝혀가는 것이야말로 상호적대적인 공간을 살아나가는 데 필요한 기술이고, 우리 시대의 폭력비판론에 부과된 조건인 것은 아닐까.

기본문헌 안내

지금까지 '폭력'이라는 주제를 둘러싼 논의를 진행해왔다. 이 책에서 이 주제를 어떠한 방향에서 접근하려고 한 것인지는 '들어가며'에서 밝힌 것으로 충분하기 때문에 여기서 되풀이하지 않지만, 어쨌든 일정한 문제에 관심을 쏟으며 주된 대상으로 선택한 것이 아렌트, 슈미트, 벤야민, 호르크하이머, 아도르노 등 20세기 전반 독일어권 저자들의 텍스트였다. 이들 사상가의 텍스트는 여전히 '폭력'에 관한 기본문헌이라고 해도 좋을 것이기에 이를 특별히 강조할 생각은 없다. 그렇지만 이 책에서 '폭력'이 해결되지 않는 폭넓은 주제인 것도 확실하다. 아래에서는 주로 이 책에서 다룬 문헌을 열거하겠지만, 그 외의 문헌도 소개하여 이 책의 부족함을 다소나마 보충하고자 한다.

또한 본문에서는 별다른 언급이 없는 한 인용문헌의 **강조**는 원저를 그대로 따르고, 또 괄호 안에는 원저의 초판 발행연도를 쓰는 것에 그쳤지만, 아래 문헌안내에서는 관례에 따라서 서지정보를 표기한다. 단지, 이 책에서 주로 채택한 문헌의 경우에는 특별히 그것이 어떠한 시대상황에서 쓰였는지도 중요한 정보라고 생각되기에, 아래에서도 역시 원서의 초판 발행연도를 병기해두기로 한다.

근대 국민국가와 폭력에 대하여

홀로코스트에 관한 문헌은 아주 많지만 그중에서도 힐버그의 『유럽 · 유대인의 절멸』[1]이 결정판이라고 해야 할 위치를 점하고 있다. 아도르노의 『프리즘』[2]에는 "아우슈비츠 이후 시를 쓰는 것은 야만이다"라는 말을 쓴 「문화비판과 사회」(1949)를 비롯하여, 20세기 문화 상황을 깊이 고찰한 에세이들이 수록되어 있다. 한편, 홀로코스트와 강제수용소에 관한 문학자의 깊은 통찰을 보인 것으로는 이시하라 요시로의 『망

1) Raul Hilberg, 望田幸男 · 原田一美 · 井上茂子 訳, 『ヨーロッパ · ユダヤ人の絶滅)』, 柏書房, 1997(1961).

2) Theodor W. Adorno, 渡辺祐邦 · 三原弟平 訳, 『プリズメン』, 筑摩書房, 1996(1955); 테오도르 아도르노, 홍승용 옮김, 『프리즘』, 문학동네, 2004.

향과 바다』,[3] 프리모 레비의 『아우슈비츠는 끝나지 않았다-어느 아탈리아인 생존자의 고찰』[4] 등 또한 한 번은 훑어보아야 한다.

아렌트의 『예루살렘의 아이히만-악의 평범성에 대한 보고서』,[5] 『전체주의의 기원』[6]은 전체주의 연구의 고전으로 가장 중요 문헌이라고 할 수 있다. 『전체주의의 기원』은 방대한 서적이지만, 이 책의 물음과 관련해서는 2권 '제국주의' 5장 '국민국가의 몰락과 인권의 종언'이 특히 중요하다. 아렌트에 관한 개설서도 몇 권이 나와 있지만, 비교적 이해하기 쉬운 입문서로는 테라지마 토시오의 『삶과 사상의 정치학-한나 아렌트의 사상 형성』,[7] 카와사키 오사무의 『아렌트-공공성의 복권』[8]

3) 石原吉郎, 『望郷と海』, 筑摩書房, 1972.

4) Primo Levi, 竹山博英 訳, 『アウシュヴィッツは終わらない-あるイタリア人生存者の考察』, 朝日新聞社, 1980(1947).

5) Hannah Arendt, 大久保和郎 訳, 『イェルサレムのアイヒマン-悪の陳腐さについての報告』, みすず書房, 1969(1963); 한나 아렌트, 김선욱 옮김, 『예루살렘의 아이히만』, 한길사, 2006.

6) Hannah Arendt, 大久保和郎 · 大島通義 · 大島かおり 訳, 『全体主義の起原』 全3券, みすず書房, 1972~1974(1951); 한나 아렌트, 김진우 외 옮김, 『전체주의의 기원1』, 한길사, 2006, 박미애 외 옮김, 『전체주의의 기원2』, 한길사, 2006.

7) 寺島俊穂, 『生と思想の政治学-ハンナ · アレントの思想形成』, 芦書房, 1990.

8) 川崎修, 『アレント-公共性の復権』, 講談社, 1998.

을 들 수 있다. 특히 전체주의 문제를 생각할 때, 근대사회의 원리를 파악하지 않으면 안 된다. 베버의 『프로테스탄티즘의 윤리와 자본주의 정신』,[9] 『직업으로서의 정치』[10] 등의 고전도 그러한 관점에서 다시 읽어야 할 것이다.

국민국가의 원리에 대해서는, 르낭 · 피히테 외, 『국민이란 무엇인가』[11]에 수록된 르낭의 「국민이란 무엇인가」(1882), 피히테의 「독일 국민에게 고함」(1808), 이 두 개의 고전적인 국민론이 중요하다. 국민국가와 총력전의 뒤얽힘에 대해서는 로제 카이와가 종교사회학적인 관점으로 날카롭게 고찰하고 있는 『성스러운 것의 사회학』[12]이 흥미롭다. 20세기 총력전체제에 대해서는 야마노우치 야스시의 『시스템사회의 현대적 위상』[13]이 사상사적인 관점에서, 키바타 요치로 편, 『20세기의 전쟁이

---

9) Max Weber, 大塚久雄 訳, 『プロテスタンティズムの倫理と資本主義の精神』, 岩波書店, 1989(1905); 막스 베버, 김덕영 옮김, 『프로테스탄티즘의 윤리와 자본주의 정신』, 길, 2010.

10) Max Weber, 脇圭平 訳, 『職業としての政治』, 岩波書店, 1980(1919); 막스 베버, 전성우 옮김, 『직업으로서의 정치』, 나남, 2007.

11) Ernest Renan · Johann Gottlieb Fichte, ed., 鵜飼哲 ほか 訳, 『国民とは何か』, インスクリプト, 1997; 에르네스트 르낭, 신행선 옮김, 『민족이란 무엇인가』, 책세상, 2002, 요한 고틀리프 피히테, 박희철 옮김, 『프랑스혁명 성찰/독일 국민에게 고함』, 동서문화사, 2009.

12) 内藤莞爾 訳, 『聖なるものの社會學』, 筑摩書房, 2000(1951).

13) 山之内靖, 『システム社會の現代的位相』, 岩波書店, 1996.

란 무엇이었던가』[14]가 역사학적 관점에서 각각 좋은 통찰을 보여주고 있다. 또한 기든스의 『국민국가와 폭력』[15]은 이 분야의 표준적인 개설서이다.

'생-정치'의 문제권에 대해서는 푸코의 『성의 역사 I -앎의 의지』[16]를 무엇보다도 먼저 참조해야 한다. 푸코의 저작 중에서 비교적 읽기 쉬운 것 중의 하나다. 아감벤의 『호모 사케르-주권권력과 벌거벗은 생명』,[17] 『인권의 저편-정치철학 노트』[18]는 아렌트의 전체주의론과 푸코의 '생-정치'론을 중첩시킨다는 점에서 주목할 만하다. 푸코와 아감벤은 '생-정치'라는 말의 함의에서 조금 벗어나지만, 그 벗어남 속에서 새로운 물음을 탐구하는 것이 가능하다.

---

14) 木畑洋一 編, 『20世紀の戦争とは何であったか』, 大月書店, 2004.

15) Anthony Gidden, 松尾精文 · 小幡正敏 訳, 『国民国家と暴力』, 而立書房, 1999(1985); 앤서니 기든스, 진덕규 옮김, 『민족국가와 폭력』, 삼지원, 1993.

16) Michel Foucault, 渡辺守章 訳, 『性の歴史 I -知への意志』, 新潮社, 1986(1976); 미셸 푸코, 이규현 옮김, 『성의 역사-제1권 지식의 의지』, 나남, 2010.

17) Giorgio Agamben, 高桑和巳 訳, 『ホモ · サケル-主権権力と剥き出しの生』, 以文社, 2003(1995); 조르조 아감벤, 박진우 옮김, 『호모 사케르-주권권력과 벌거벗은 생명』, 새물결, 2008.

18) Giorgio Agamben, 高桑和巳 訳, 『人権の彼方に-政治哲学ノート』, 以文社, 2000(1996).

주권국가체계와 폭력에 대하여

주권국가체계(베스트팔렌 체제)라고 하면 '국제법의 아버지' 그로티우스와 그의 주저 『전쟁과 평화의 법』[19]을 빼놓고는 말할 수 없다. 이는 주권과 전쟁 등 근대 정치의 근본개념을 재고하는 데 불가결한 고전이지만, 오다 요시키의 『그로티우스의 국제정치사상-주권국가 질서의 형성』[20]은 그 사상의 전체상을 공들여 탐구한 노작이다. 또한 간단한 입문서로서는 야나기하라 마사하루의 『그로티우스』[21]가 있다. 한편 주권국가체계의 성립에서 몰락에 이르기까지의 과정을 유럽 정신사의 장대한 서사시로 그려낸 책이, 슈미트의 『대지의 노모스-유럽 공법이라는 국제법에 대하여』[22]이다. 유럽 인간주의(humanism)의 쇠퇴를 일종의 비극으로 포착하는 슈미트의 관점은 많은

---

19) 一又正雄 訳, 『戦争と平和の法』, 酒井書店, 1989(1625).

20) 太田義器, 『グロティウスの国際政治思想-主権国家秩序の形成』, ミネルヴァ書房, 2003.

21) 柳原正治, 『グロティウス』, 清水書院, 2000.

22) Carl Schmitt, 新田邦夫 訳, 『大地のノモス-ヨーロッパ公法という国際法における』全2券, 木鐸社, 1976(1950); 칼 슈미트, 최재훈 옮김, 『대지의 노모스』, 민음사, 1995.

문제를 내포하고 있지만, 그런 만큼 문제의 소재를 확실히 드러내고 있다. 또 본문 중에서는 언급할 수 없었지만, 『대지의 노모스』에 감춰진 또 하나의 주제는 실제 '아메리카'이다. 슈미트에게 '아메리카'는 '유럽'에 대한 최대의 도전자였던 것이다. '아메리카'에 의한 일극(一極) 지배가 종래의 주권국가 질서를 흔들고 있는 현재의 상황을 비추어 생각할 때, 『대지의 노모스』는 그러한 관점에서도 새로이 읽혀야 할 것이다.

『대지의 노모스』에 잇달아 간행된 아렌트의 『전체주의의 기원』에는 의외로 슈미트와의 공통점이 자주 발견된다. 이 점에 대해서는 카메지마 요이치의 『20세기 정치사상의 내부와 외부』[23]가 양자의 대조를 포함하여 공들여 분석하고 있다. 한편, 슈미트의 정신사적인 근대세계 이해를 말하면 사회과학적인 관점에서 탐구하고 있는 것이 월러스틴의 『근대세계체제』[24]이다. 다만 슈미트와 서로 겹치는 지점은 월러스틴의 세계 시스템론에서도 싫든 좋든 유럽 중심주의의 경향이 늘 따라다닌다는 것이다. 그에 대해서는 수많은 이의가 제출되었지만, 여기

23) 亀嶋庸一, 『20世紀政治思想の内部と外部』, 岩波書店, 2003.

24) Immanuel Wallerstein, 川北稔 訳, 『近代世界システム』全2巻, 岩波書店, 1981(1974); 이매뉴얼 월러스틴, 나종일 외 옮김, 『근대세계체제1』, 까치, 2013, 유재건 외 옮김, 『근대세계체제2』, 까치, 2013, 김인중 외 옮김, 『근대세계체제3』, 까치, 2013.

서는 우선 프랑크의 『리오리엔트-아시아 시대의 글로벌 이코노미』[25)]를 들 수 있다. 또 유럽 중심주의에 대한 비판이 대동아공영권의 옹호로 다다르고 말았던 근대일본의 문제에 대해서는, 고야마 이와오의 『세계사의 철학』[26)] 등을 단서로 삼으면서 다시 검증할 필요가 있을 것이다.

주권국가체계 아래에서 전쟁의 성격은, 클라우제비츠 『전쟁론』[27)]의 명제, "전쟁이란 별도의 수단에 의한 정치의 계속이다"에 요약되어 있다. 단 그 전제에 있는 것은 주권국가체계와 같은 구조가 없다면 전쟁은 절대화된다는 시점이다. 그 의미에서 클라우제비츠는 슈미트적인 동지/적 사고의 선구이기도 하다. 한편, 파스칼의 『팡세』[28)]에서의 '힘의 정의', 베버의 『직업으로서의 학문』[29)]에서 말하는 '신들의 전쟁'은, '정의의 전

25) Andre Gunder Frank, 山下範久 訳, 『リオリエントーアジア時代のグローバル・エコノミー』, 藤原書店, 2000(1998); 안드레 군더 프랑크, 이희재 옮김, 『리오리엔트』, 이산, 2003.

26) 高山岩男, 『世界史の哲学』, こぶし書房, 2001(1942).

27) Karl Von Clausewitz, 篠田英雄 訳, 『戦争論』, 岩波書店, 1968; 清水多吉 訳, 中央公論新社, 2001(1832-34); 클라우제비츠, 김만수 옮김, 『전쟁론』, 갈무리, 2009.

28) Blaise Pascal, 前田陽一・由木康 訳, 『パンセ』, 中央公論新社, 1973(1669); 파스칼, 김형길 옮김, 『팡세』, 서울대학교 출판문화원, 2010.

29) Max Weber, 尾高邦雄 訳, 『職業としての学問』, 岩波文庫, 岩波書店, 1980(1919); 막스 베버, 전성우 옮김, 『직업으로서의 학문』, 나남, 2006.

쟁'을 생각하기 위한 기본적인 관점을 제공해준다. 더욱이 테크놀로지와 전쟁의 뒤얽힘에 대해서는, 비릴리오의 『속도와 정치-지(地)정학에서 시(時)정학으로』,[30)]『부정의 시계-속도와 지각의 변용』[31)]을 참조할 수 있다.

글로벌화와 폭력에 대하여

앤더슨의 『상상의 공동체-네셔널리즘의 기원과 유행』[32)]에 나오는 "국민이란 상상의 공동체다"라는 명제는 잘 알려져 있지만 다른 한편, 스미스의 『네이션과 에스니시티-역사사회학적 고찰』[33)]과 같이 에스닉한 전통을 중시하는 논의라든가 "국민이란 무엇인가"라는 것은 지금도 해결되지 않은 불음이다.

---

30) Paul Virilio, 市田良彦 訳, 『速度と政治-地政学から時政学へ』, 平凡社, 2001(1977); 폴 비릴리오, 이재원 옮김, 『속도와 정치』, 그린비, 2004.

31) Paul Virilio, 丸岡高弘 訳, 『ネガティヴ・ホライズン-速度と知覚の変容』, 産業図書, 2003(1884).

32) Benedict Anderson, 白石さや・白石隆 訳, 『想像の共同体-ナショナリズムの起源と流行』, NTT出版, 1997(1983); 베네딕트 앤더슨, 윤형숙 옮김, 『상상의 공동체』, 나남, 2004.

33) Anthony D. Smith, 巣山靖司 ほか 訳, 『ネイションとエスニシティ-歴史社会学的考察』, 名古屋大学出版会, 1999(1986).

그렇지만 적어도 '국민'이 근대에 전경화된 관념인 것은 틀림없으므로 이 물음은 즉각 식민지주의 · 인종주의의 문제와 연결된다.

이 점에 대해서는 발리바르 · 월러스틴의 『인종 · 국민 · 계급–흔들리는 아이덴티티』[34]가 기본적인 견취도를 보여준다. 한편, 헤세 편, 『불/안정한 다문화주의』[35]는 이 문제를 근대 최대의 '제국' 영국에 입각하여 논하고 있어 흥미롭다. 특히 마지막 장인 홀의 「결론–다–문화적인 물음」은 착종된 논점을 짧은 지면으로 매우 명석하게 정리하고 있어 읽어볼 가치가 있다. 또 식민지주의의 폭력을 생각하는 데 파농의 『검은 피부 하얀 가면』,[36] 『대지의 저주받은 사람들』[37] 역시 빼놓을 수 없다. 어쨌든 이 문제에 대해서는 포스트콜로니얼리즘 연구의 방대한 축적이 있지만, 여기서는 모토하시 테쓰야의 『포스트

---

34) Etienne Balibar · Immanuel Wallerstein, 若森章孝 ほか 訳, 『人種 · 国民 · 階級–揺らぐアイデンティティ』, 大村書店, 1995(1990).

35) Barnor Hesse, ed., *Un/settled Multiculturalisms*, Zed Books, 2000.

36) Frantz Fanon, 海老坂武 · 加藤晴久 訳, 『黒い皮膚 · 白い仮面』, みすず書房, 1998(1952); 프란츠 파농, 이석호 옮김, 『검은 피부 하얀 가면』, 인간사랑, 1998.

37) Frantz Fanon, 鈴木道彦 · 浦野衣子 訳, 『地に呪われたる者』, みすず書房, 1996(1961); 프란츠 파농, 남경태 옮김, 『대지의 저주받은 사람들』, 그린비, 2004.

콜로니얼리즘』[38]을 양질의 입문서로 들어두는 것에 그친다.

글로벌화의 기본적인 논점을 쉽게 얻을 수 있는 것으로는, 이오타니 토시오의 『글로벌리제이션이란 무엇인가―액상화하는 세계를 해독하다』[39]가 도움이 될 것이다. 글로벌화에 동반되는 전쟁의 변용에 대해서는 캘도어의 『신전쟁론―글로벌 시대의 조직적 폭력』[40]이 견실한 분석을 보여준다. 또한, 토사 히로유키의 『안전보장이라는 역설』[41]은 현대사상의 지견(知見)을 종횡으로 구사하면서 글로벌화의 문제점을 훌륭하게 비춰주고 있다. 더욱이 문화 글로벌화에 대해서는 호르크하이머·아도르노의 『계몽의 변증법―철학적 단상』[42]의 「문화산업」론을 하나의 출발점으로 확보해둘 수 있다.

한편, 다문화주의에 대해서는 먼저 들었던 홀의 논고 외, 거

---

38) 本橋哲也, 『ポストコロニアリズム』, 岩波書店, 2005.

39) 伊豫谷登士翁, 『グローバリゼーションとは何か―液状化する世界を読み解く』, 平凡社, 2005.

40) Mary Kaldor, 山本武彦 · 渡部正樹 訳, 『新戦争論―グローバル時代の組織的暴力』, 岩波書店, 2003; 메리 캘도어, 유강은 옮김, 『새로운 전쟁과 낡은 전쟁』, 그린비, 2010.

41) 土佐弘之, 『安全保障という逆説』, 青土社, 2003.

42) Max Horkheimer · Theodor W. Adorno, 徳永恂 訳, 『啓蒙の弁証法―哲学的断想』, 岩波書店, 1990(1944); 테오도르 아도르노 · M 호르크하이머, 김유동 옮김, 『계몽의 변증법』, 문학과지성사, 2001.

트맨 편, 『다문화주의』[43]가 착종된 논점을 개관하는 데 적절하다. 마이너리티의 권리를 옹호하는 다문화주의론으로는 킴리카의 『다문화시대의 시민권–마이너리티의 권리와 자유주의』[44]가 있다. 또한, 다문화주의(특수주의)와 페미니즘(보편주의)의 긴장관계를 둘러싼 10여 명의 논쟁적인 논고를 모은 오킨의 『다문화주의는 여성에게 악인가?』[45]는, 그 물음의 어려움을 부각시키고 있어 흥미롭다. 또 데리다 · 하버마스 · 보라도리의 『테러 시대와 철학의 사명』[46]에는 2001년 9월 11일 동시다발 테러 직후에 수행된 두 사람의 사상가에 대한 인터뷰가 실려 있다. '관용'의 가능성을 탐색하는 하버마스와 '환대'를 주장하는 데리다의 사고가 실은 의외로 가깝다는 점에도 유의해야 한다.

43) Amy Gutmann, 佐々木毅 ほか 訳, 『マルチカルチュラリズム』, 岩波書店, 1996(1994).

44) Will Kymlicka, 角田猛之 · 石山文彦 · 山崎康仕 訳, 『多文化時代の市民権–マイノリティの権利と自由主義』, 晃洋書房, 1998(1995).

45) Susan Moller Okin, *Is Multiculturalism Bad for Women?,* Princeton University Press, 1999.

46) Jacques Derrida · Jurgen Habermas, 藤本一勇 · 澤里岳史 訳, 『テロルの時代と哲学の使命』, 岩波書店, 2004(2003); 지오반나 보라도리, 손철성 · 김은주 · 김준성 옮김, 『테러 시대의 철학』, 문학과지성사, 2004.

질서와 폭력의 변증법에 대하여

20세기를 폭력의 세기로 간주한 아렌트의 시대진단은 이미 『혁명에 대하여』[47]에서 나타나지만, 『폭력에 대하여-공화국의 위기』[48]에서 수록된 표제논문(1968)은 그 주제를 정면으로 채택하고 있기에 폭력에 관한 아렌트의 사고를 아는 데 적당한 텍스트다. 정치를 물리적 폭력의 행사로 간주하는 입장과는 다른 것을 주장하는 즉, 폭력과 권력을 구별하는 아렌트의 논의가 권력정치적인 사고의 협애함을 날카롭게 지적하고 있는 것은 확실하지만, 반대로 또 다른 극론으로 빠지는 것도 부정할 수 없다. 이 점에 대해서 명석하게 논하는 것이 하버마스의 『철학적 · 정치적 프로필』[49]에 수록된 논고 「한나 아렌트의 권력 개념」(1976)이다.

한편, 폭력/권력이라는 이분법 자체를 되묻고 있는 것이, 벤

47) Hannah Arendt, 志水速雄 訳, 『革命について』, 筑摩書房, 1995(1963); 한나 아렌트, 홍원표 옮김, 『혁명론』, 한길사, 2004.

48) Hannah Arendt, 山田正行 訳, 『暴力について-共和国の危機』, みすず書房, 2000(1972); 한나 아렌트, 김선욱 옮김, 『공화국의 위기』, 한길사, 2011.

49) Jurgen Habermas, 小牧治 · 村上隆夫 訳, 『哲学的 · 政治的プロフィール』全2券, 未来社, 1984~1986(1981).

야민의 「폭력비판론」[50]이다. 법 지배의 근저에서 법 폭력을 간취하는 벤야민의 논고는 비슷한 시기 베버의 「정통적 지배의 세 가지 순수유형」(1922)—나중에 『지배의 사회학』[51]의 일부로 넣은 논고—을 다루면서 예리한 분석을 보여주는 한편, 폭력혁명을 찬미하고 파시즘을 옹호하기 쉬운 소렐의 『폭력론』[52]으로 연결되는 측면도 지니고 있다. 이것은 정합적으로 읽으려고 하면 싫든 좋든 균열이 부상하는 텍스트이고 특히 '신적폭력'의 대목은 난해하지만, 여기서 '최종해결'이라는 사고의 징후를 해독하는 데리다의 『법의 힘』[53]은 이 텍스트를 읽는데 불가결한 문헌이다. 또한 우메키 다쓰로의 『탈구축과 공공성』[54]은 아렌트, 벤야민, 데리다를 엮어서 논하고 있기에 일독할 가치가 있다.

---

50) Walter Benjamin, 野村修編 訳, 『暴力批判論 他十篇』, 岩波書店, 1994, 浅井健二郎 訳, 『ドイツ悲劇の根源』下, 筑摩書房, 1999(1921); 발터 벤야민, 최성만 옮김, 『역사의 개념에 대하여/폭력비판을 위하여/초현실주의 외』, 길, 2008.

51) Max Weber, 世良晃志郎 訳, 『支配の社会学』, 創文社, 1960-62(1956); 막스 베버, 김남석 · 금종우 옮김, 『지배의 사회학』, 한길사, 1981.

52) Georges Sorel, 木下半治 訳, 『暴力論』全2巻, 岩波書店, 1966(1908); 조르주 소렐, 이용재 옮김, 『폭력에 대한 성찰』, 나남, 2007.

53) Jacques Derrida, 堅田研一訳, 『法の力』, 法政大学出版局, 1999(1994); 자크 데리다, 진태원 옮김, 『법의 힘』, 문학과지성사, 2004.

54) 梅木達郎, 『脱構築と公共性』, 松籟社, 2002.

그런데 홉스의 『리바이어던』[55]이 절대적인 게발트로서 '주권'을 기초했던 것에 반해, 벤야민은 그러한 '주권'의 불가사의를 '신화적 폭력'이라는 관점에서 해명하려고 한 것이다. 그것은 홉스적인 '주권' 모델의 암흑 코드를 들추어냄과 동시에 이 '주권' 모델을 행위수행적(performative)으로 더듬어 확인하는 효과를 갖는다. 요컨대 벤야민은 주권국가라는 '단위'로 정치적인 것을 회수하는 홉스-슈미트적인 사고의 계보에 위치하고 있는 것이다. 벤야민이 '신적 폭력'에 의한 '신화적 폭력'의 근절을 구상할 때, 현실에 존재하는 것과 다른 '주권(지고의 권력)'을 확립하는 방식은 반드시 이룩할 수 있기 때문에, '최종해결'의 사고로 근접해버리는 것도 이 '주권' 모델에 구애되어 있다고 볼 수도 있다. 이에 대해서 푸코의 『사회를 보호해야 한다』[56]는 그러한 '주권' 모델과는 다른 자유주의적인 통치 모델로 근대 정치의 문법을 탐색하려고 한다. 앞서 언급한 푸코와 아감벤의 '생-정치' 개념의 차이도 이와 관계된다고 할 수 있다.

---

55) Thomas Hobbes, 水田洋 訳, 『リヴァイアサン』全4券, 岩波書店, 1992(1651); 토머스 홉스, 최진원 옮김, 『리바이어던』, 동서문화사, 2009.

56) Michel Foucault, *Il faut défendre la société: Cours au Collège de France 1976*, Gallimard/Seuil, 1997; 미셸 푸코, 박정자 옮김, 『사회를 보호해야 한다』, 동문선, 1998.

이성과 폭력의 변증법에 대하여

호르크하이머 · 아도르노의 『계몽의 변증법』은 이성과 폭력의 뒤얽힘을 논한 20세기의 고전이다. 논의의 흐름이 상당히 착종되어 있어 결코 읽기 쉽다고 할 수는 없지만, 호르크하이머의 『이성의 부식』[57]은 저자 자신이 쓴 해설서이기에 『계몽의 변증법』을 이해하는 데 도움이 된다. 개설서로는 제이의 『아도르노』,[58] 호소미 카즈유키의 『아도르노–비동일성의 철학』,[59] 후지노 히로시의 『아도르노 / 호르크하이머의 문제권–동일성 비판의 철학』[60] 등이 있으며 그 외에, 타니 타카오의 『헤겔과 프랑크푸르트학파–정치철학의 근본문제』,[61] 『현대 독일의 정치사상–나치즘의 그림자』,[62] 타카하시 준이치의 『시민사회의

57) Max Horkheimer, 山口祐弘 訳, 『理性の腐蝕』, せりか書房, 1987(1947).

58) Martin Jay, 木田元 · 村岡晋一 訳, 『アドルノ』, 岩波書店, 1987(1984).

59) 細見和之, 『アドルノ–非同一性の哲学』, 講談社, 1996.

60) 藤野寛, 『アドルノ / ホルクハイマーの問題圏–同一性批判の哲学』, 勁草書房, 2000.

61) 谷喬夫, 『ヘーゲルとフランクフルト学派–政治哲学の根本問題』, 御茶の水書房, 1982.

62) 谷喬夫, 『現代ドイツの政治思想–ナチズムの影』, 新評論, 1995.

변증법』[63] 역시 『계몽의 변증법』 독해를 시도하고 있다. 더욱이 토쿠나가 마코토의 『현대비판의 철학–루카치, 호르크하이머, 아도르노, 프롬』[64]은 이 분야의 개척적인 연구서이며 지금도 참조할 만한 2차 문헌이라고 할 수 있다.

한편, 반유대주의 문제에 대해서는 사르트르의 『유대인』[65]에서 리오타르의 『하이데거와 유대인』[66]에 이르기까지 문자 그대로 일일이 열거할 겨를도 없지만, 호르크하이머 등의 반유대주의론을 이해하는 데 없어서는 안 될 것은 역시 프로이트의 정신분석학이다. 그 방대한 저작들 중에서도 「두려운 낯설음」(1919), 「문명 속의 불만」(1930) 등은 비교적 읽기 쉽고, 프로이트 입문의 역할도 한다(함께, 타카하시 요시타카 외 역, 『프로이트 저작집3』[67]에 수록). 더욱이 호르크하이머 등의 사고에 있어서 정신분석학의 위치에 관해서는 화이트북의 『도착과 유

---

63) 高橋順一, 『市民社会の弁証法』, 弘文堂, 1988.

64) 徳永恂, 『現代批判の哲学–ルカーチ · ホルクハイマー · アドルノ · フロムの思想像』, 東京大学出版会, 1979.

65) Jean–Paul Sartre, 安堂信也 訳, 『ユダヤ人』, 岩波書店, 1956(1947).

66) Jean Francois Lyotard, 本間邦雄 訳, 『ハイデガーとユダヤ人』, 藤原書店, 1992(1988).

67) Sigmund Freud, 高橋義孝 訳, 『フロイト著作集3』, 人文書院, 1969; 지그문트 프로이트, 정장진 옮김, 「두려운 낯설음」, 『예술, 문학, 정신분석』, 열린책들, 2003, 지그문트 프로이트, 김석희 옮김, 「문명 속의 불만」, 『문명 속의 불만』, 열린책들, 2003.

토피아』[68]가 논점을 적확하게 짚고 있어 유익하다. 무엇보다 『계몽의 변증법』의 「반유대주의」는 프로이트적인 구조에서는 해결되기 어려운 복잡한 구조로 쓰였다. 이 점에 대해서는 「반유대주의」에 관한 정밀한 독해를 포함한 호소미 카즈유키의 『아도르노의 장소』[69]를 참조하기 바란다.

다른 한편, 호르크하이머 등의 사고에 있어 열쇠가 되는 '미메시스' 개념 자체는 동시대의 벤야민의 「미메시스 능력에 대하여」[70]와 카이와의 『신화와 인간』[71]이 많은 사상가에 의해 논해지고 있다. 예컨대, 지라르의 『폭력과 성스러움』[72] 등은 잘 알려져 있다. 혹은 라쿠 라바르트의 『정치라는 허구-하이데거, 예술 그리고 정치』[73]에 의하면, 주체는 민족과 같은 형

68) Joel Whitebook, 桑子敏雄 · 鈴木美佐子 訳, 『倒錯とユートピア』, 青土社, 1997(1995).

69) 細見和之, 『アドルノの場所』, みすず書房, 2004.

70) Walter Benjamin, 浅井健二郎 編訳, 「模倣の能力について」, 『ベンヤミン · コレクション2』, 筑摩書房, 1996(1933); 발터 벤야민, 최성만 옮김, 「미메시스 능력에 대하여」, 『언어 일반과 인간의 언어에 대하여 번역자의 과제 외』, 길, 2008.

71) Roger Caillois, 久米博 訳, 『神話と人間』, せりか書房, 1986(1938).

72) René Girard, 古田幸男 訳, 『暴力と聖なるもの』, 法政大学出版局, 1982(1972); 르네 지라르, 박무호 · 김진식 옮김, 『폭력과 성스러움』, 민음사, 2000.

73) Philippe Lacoue Labarthe, 浅利誠 · 大谷尚文 訳, 『政治という虚構-ハイデガー, 芸術そして政治』, 藤原書店, 1992(1988).

상을 모방하는 것으로 아이덴티티를 손에 넣는다고 한다. 요컨대 미메시스야말로 파시즘을 지탱하는 원리에 다름 아니라는 것이다. 이러한 논의는 호르크하이머 등의 사고와도 공명하는 것이다. 다만 호르크하이머 등에서는 미메시스의 적극적인 면을 구해내려는 지향이 있는 점을 지적해둔다. 미메시스에 대하여 포괄적으로 논한 것으로는 게바우얼 · 울프의 『미메시스—문화 · 예술 · 사회』,[74] 무라카미 타카오의 『모방론서설』[75]이 있다.

우정과 적대의 변증법에 대하여

슈미트의 『정치적인 것의 개념』[76]은 동지와 적의 투쟁 속에서 생의 충일(充溢)을 찾으려고 하는 점에서 융거의 「총동원」[77]과 공통되는 전쟁에의 국민 동원을 미화하는 지향을 강

---

74) Gunter Gebauer · Christoph Wulf, *Mimesis:Kultur-Kunst-Gesellschaft*, Rowohlt Taschenbuch Verlag, 1992.

75) 村上隆夫,『模倣論序説』, 未来社, 1998.

76) Carl Schmitt, 田中浩 · 原田武雄 訳,『政治的なものの概念』, 未来社, 1970(1927); 칼 슈미트, 김효전 옮김,『정치적인 것의 개념』, 법문사, 1992.

77) Ernst Junger, 川合全弘 訳,「総動員」,『追悼の政治−忘れえぬ人々/総動員/平和』, 月曜社, 2005(1938).

하게 지니고 있다. 그러한 의미에서 슈미트는 정치와 도덕을 준별하는 일의 중요성을 말함에도 불구하고, 그 자신의 정치사상은 지극히 도덕적인 성향이 짙었다고도 할 수 있다. 이 점에 대해서는, 스트라우스의 『홉스의 정치학』[78]에 수록된 논고, 「칼 슈미트 『정치적인 것의 개념』에 대한 주해」(1932)가 적절하다. 어쨌든 아도르노의 『본래성이라는 은어–독일적인 이데올로기에 대하여』[79]가 말하는 '본래성' 신화에 슈미트가 갇혀 있었음에 틀림없다.

한편, 슈미트의 『파르티잔 이론』[80]은 국가에 의해 정규로 조직된 군대와는 구별되는 비정규군, 즉 '파르티잔'의 존재에 주목한다. 슈미트에 의하면, 원래 파르티잔은 '자기가 토착적인 관계를 갖는 일부의 토지를 방위'하는 성격을 갖고 있고, 그에 한해 비정규적인 파르티잔 투쟁도 일정의 정통성을 갖고 있었다. 그런데 레닌과 같이 계급의 적이라고 하는 '절대적인 적'을 정립하게 되면, 파르티잔은 이제 '토지적 성격'을 잃고, 그 투

78) Leo Strauss, 添谷育志 · 谷喬夫 · 飯島昇藏 訳, 『ホッブズの政治学』, みすず書房, 1990(1952).

79) Theodor W. Adorno, 笠原賢介 訳, 『本来性という隠語–ドイツ的なイデオロギーについて』, 未来社, 1992(1938).

80) Carl Schmitt, 新田邦夫訳, 『パルチザンの理論』, 筑摩書房, 1995(1963); 칼 슈미트, 정용화 옮김, 『파르티잔 이론』, 인간사랑, 1990.

쟁은 정통성을 갖지 않는 절대전쟁이 된다고 한다. 여기서 '대지의 노모스'의 본래성에 대한 슈미트의 고집을 여전히 읽을 수 있는 것과 동시에 대항폭력과 테러리즘을 둘러싼 현재의 시사적인 문제를 고찰하는 것도 가능할 것이다.

슈미트를 논한 연구서는 많이 간행되었지만, 특히 다케시마 히로유키의 『칼 슈미트의 정치-'근대'에의 반역』[81]을 들어둔다. 현대사상의 문맥을 고루 살피면서, 연구사의 축적에 입각하여 성실히 슈미트의 저작을 독해한 역작이다. 또한 데리다의 『우애의 정치학』,[82] 뒤트만의 『우애와 적대-절대적인 것의 정치학』[83]에서 슈미트의 '적' 개념에 관한 심도 깊은 고찰을 볼 수 있다. 또 크로코의 『결단-융거, 슈미트, 하이데거』[84]는 슈미트 등의 사상을 '결단주의'라는 시점에서 비교 검토하고 있어 흥미롭다.

어쨌든 '결단'이 무규범적인 것을 개척했지만 결국 별도의 '신화적 폭력'으로 곧장 회귀해온 것이 현실 세계이다. 벤야민

---

81) 竹島博之,『カール・シュミットの政治-「近代」への反逆』, 風行社, 2002.

82) Jacques Derrida, 鵜飼哲・大西雅一郎・松葉祥一 訳,『友愛のポリティックス』全2巻, みすず書房, 2003(1994).

83) Alexander Garcia Düttmann, 大竹弘二・清水一浩 訳,『友愛と敵対-絶対的なものの政治学』, 月曜社, 2002(1999).

84) Christian Graf von Krockow, 高田珠樹 訳,『決断-ユンガー, シュミット, ハイデガー』, 柏書房, 1999(1958).

이 「신과 역사」[85]에서도 시사하고 있듯이, '신적 폭력'은 현실 세계에서는 파괴적인 형태로밖에 현현할 수 없는 것이고, 어떻게 슈미트적인 동지/적 사고의 속박으로부터 벗어나 적대 관계를 물리칠 수 있을지를 우리들에게 묻는 수밖에 없다. 무페의 『정치적인 것의 재흥』,[86] 코널리의 『아이덴티티/차이-타자성의 정치』[87]가 말하는 '투기(agon)'도 얼마만큼은 유보가 필요하다고 할 수 있지만 그것을 위한 단서가 되는 개념의 하나라고 말할 수 있을 것이다.

폭력에 대한 물음을 넓히기 위해

말할 필요도 없지만, 이 책에서 취급하지 않았던 많은 사상가에게 '폭력'이라는 주제는 중요한 위치를 점하고 있다. 예컨

85) Walter Benjamin, 道籏泰三 訳, 「神と歴史」, 『来たるべき哲学のプログラム』, 晶文社, 1992(1919~1920).

86) Chantal Mouffe, 千葉真 ほか 訳, 『政治的なるものの再興』, 日本経済評論社, 1998(1993); 샹탈 무페, 이보경 옮김, 『정치적인 것의 귀환』, 후마니타스, 2007.

87) William E. Connolly, 杉田敦 · 齋藤純一 · 齋藤純一 訳, 『アイデンティティ\差異-他者性の政治』, 岩波書店, 1998(1991).

대, 바타유의 『에로티시즘』[88]에서 호르크하이머 등의 '미메시스' 개념과 통하는 사고를 찾는 것은 그리 어렵지 않다. 또 레비나스의 『전체성과 무한』[89]에서 '타자'를 둘러싼 원리적 고찰은 '환대'의 가능성과 불가능성을 생각하는 데 시사하는 바가 크다. 레비나스의 사상을 논한 뛰어난 문헌이 몇몇 있지만, 이 책의 물음과 관련해서는 사이토 요시미치의 『힘과 타자—레비나스로』[90]가 적절하다. 한편, 문명과 폭력의 뒤얽힘에 대해 논한 엘리아스의 『문명화의 과정』,[91] 『독일인론—문명화와 폭력』[92] 등을 호르크하이머 · 아도르노의 『계몽의 변증법』과 중첩시켜 봐도 좋을 것이다. 엘리아스의 사상을 명쾌하게 해설한 것으로는 오쿠무라 타카시의 『엘리아스 · 폭력에 대한 물음』[93]이 있다. 더욱이 전쟁과 국가에 관해 앞서서 지적한 클라

---

88) Georges Bataille, 酒井健 訳, 『エロティシズム』, 筑摩書房, 2004(1957); 조르주 바타유, 조한경 옮김, 『에로티즘』, 민음사, 1999.

89) Emmanuel Levinas, 熊野純彦 訳, 『全体性と無限』全2券, 岩波書店, 2005~2006(1961).

90) 斎藤慶典, 『力と他者-レヴィナスに』, 勁草書房, 2000.

91) Norbert Elias, 赤井慧爾 · 中村元保 訳, 『文明化の過程』全2券, 法政大学出版局, 1997~1998(1939); 노르베르트 엘리아스, 박미애 옮김, 『문명화과정1』, 한길사, 1996, 박미애 옮김, 『문명화과정2』, 한길사, 1999.

92) Norbert Elias · Michael Schroter, 青木隆嘉 訳, 『ドイツ人論-文明化と暴力』, 法政大学出版局, 1996(1989).

93) 奥村隆, 『エリアス · 暴力への問い』, 勁草書房, 2001.

스트르의 『폭력의 고고학-미개사회에서의 전쟁』,[94] 또 그에 입각하여 '전쟁기계'라는 개념장치를 제기한 들뢰즈 · 가타리의 『천개의 고원-자본주의와 분열증』[95]은 국가와 전쟁을 둘러싼 자극적인 통찰이 충만한 텍스트라고 할 수 있다.

다른 한편, 글로벌화와 도래해야 할 데모크라시에 대해서도 이 책에서 다룬 것 이상으로 많은 논자들이 검토하고 있다. 예컨대, 네그리 · 하트의 『제국-글로벌화의 세계질서와 다중의 가능성』[96], 『다중-제국시대의 전쟁과 민주주의』[97]는 현재 '제국'이라는 탈중심적 · 탈영역적인 글로벌화된 주권이 등장하고 있기 때문에 종래의 '주권' 모델에서의 탈각을 주장하고 있다. 한편, 하버마스의 『타자의 수용-다문화사회의 정치이론

---

94) Pierre Clastres, 毬藻充 訳, 『暴力の考古学-未開社会における戦争』, 現代企画室, 2003(1997).

95) Gilles Deleuze · Felix Guattari, 宇野邦一 · 田中敏彦 · 小沢秋広 訳, 『千のプラトー-資本主義と分裂症』, 河出書房新社, 1994(1980); 질 들뢰즈 · 펠릭스 가타리, 김재인 옮김, 『천개의 고원』, 새물결, 2001.

96) Antonio Negri · Michael Hardt, 水嶋一憲 ほか 訳, 『〈帝国〉-グローバル化の世界秩序とマルチチュードの可能性』, 以文社, 2003(2000); 안토니오 네그리 · 마이클 하트, 윤수종 옮김, 『제국』, 이학사, 2001.

97) Antonio Negri · Michael Hardt/幾島幸子 訳, 『マルチチュード-〈帝国〉時代の戦争と民主主義』全2巻, NHK出版, 2005(2004); 안토니오 네그리 · 마이클 하트, 정남영 · 서창현 · 조정환 옮김, 『다중』, 세종서적, 2008.

에 관한 연구』[98]는 '관용'의 가능성을 탐색하는 저자의 사상을 아는 데 도움이 된다. 발리바르의 『시민권의 철학–민주주의에 있어서 문화와 정치』,[99] 랑시에르의 『불화 혹은 이해 없는 이해–정치철학은 가능한가』[100] 등의 현대 프랑스 정치철학과 함께 읽을 수 있다. 또 미우라 노부타카 편, 『도래해야 할 민주주의–반글로벌리즘의 정치철학』[101]은 현재 프랑스어권 논의의 배치를 적확하게 짚고 있어 한 번 읽어볼 만하다. 영미계를 중심으로 정치철학·규범이론의 현황을 솜씨 좋게 정리한 것으로는, 오노 노리아키의 『정치이론의 현재–사상사와 이론 사이』[102]가 있다. 또 스기타 아쓰시의 『경계선의 정치학』[103]은 이러한 현재 논의의 동향을 짚으며 경계선의 폭력에 대해서 명석하게 논하고 있기에 착종된 논점을 정리하는 데 유익하다.

폭력을 생물학적인 차원에서 기초 지으려는 사고는 벤야

---

98) Jurgen Habermas, 高野昌行 訳, 『他者の受容–多文化社会の政治理論に関する研究』, 法政大学出版局, 2004(1996).

99) Etienne Balibar, 松葉祥一 訳, 『市民権の哲学–民主主義における文化と政治』, 青土社, 2000(1998).

100) Jacques Ranciere, 松葉祥一 ほか 訳, 『不和あるいは了解なき了解–政治の哲学は可能か』, インスクリプト, 2005(1996).

101) 三浦信孝 編, 『来るべき〈民主主義〉–反グローバリズムの政治哲学』, 藤原書店, 2003.

102) 小野紀明, 『政治理論の現在–思想史と理論のあいだ』, 世界思想社, 2005.

103) 杉田敦, 『境界線の政治学』, 岩波書店, 2005.

민과 아렌트에 의해 격퇴되고 있지만 그러한 발상이 넓게 또는 뿌리 깊게 지지받아온 것도 사실이다. 잘 알려져 있는 것은 로렌츠의 『공격-악의 자연지』,[104] 윌슨의 『인간 본성에 대하여』[105] 등의 동물행동학 · 사회생물학 논의일 것이다. 그렇지만 이렇게 인간의 행동 일체를 생물학적으로 설명 가능하다고 간주하는 류의 언설에 격렬한 발발과 엄격한 비판이 일었던 것도 사실이기에 지금도 논쟁적인 물음이라 할 수 있다.

더욱이 그 점과 관련해서는 프로이트의 '죽음 충동' 개념과 호르크하이머 등의 '미메시스' 개념에서도 사정은 변하지 않는다. 사실 이것들은 과학적으로 검증 불가능한, 사변적인 관념이라고 할 수 있다. 그러나 이 책에서는 미메시스를 논증 불가능한 가설로서 멀리하지 않고 오히려, 폭력이라는 주제에 접근하는 데 지극히 유효한 이념형으로서 참조하고 있다. 바이오런스가 게발트로 회수되어가는 논리를 탐색하려 할 때, 우선 미메시스라는 관점을 도입하여 얻을 수 있는 이익이 훨씬 많다고 생각했기 때문이다. 어쨌든 주체의 의지로 되지 않

---

104) Konrad Lorenz, 日高敏隆 · 久保和彦 訳,『攻撃-悪の自然誌』, みすず書房, 1970(1963).

105) Edward O. Wilson, 岸由二 訳,『人間の本性について』, 筑摩書房, 1997(1978); 에드워드 윌슨, 이한음 옮김,『인간 본성에 대하여』, 사이언스북스, 2000.

는 힘의 발로를 검토하려고 한다면 신체성의 차원을 어떤 형태로든 시야에 넣을 필요가 있다고 생각한다.

그렇지만 현재 라이언의 『감시사회』[106] 등에서도 지적하고 있듯이 테크놀로지의 압도적인 발전을 배경으로 한 '탈신체화'라고 할 만한 상황이 확대되고 있다. 신체성을 전제로 한 미메시스 개념과 그것에 입각한 폭력론의 구조 또한 그 와중에 크게 변경될지도 모른다. 이 점에 대해서는 예컨대 해러웨이의 『원숭이와 여자와 사이보그-자연의 재발명』[107] 등을 단서로 하면서 새롭게 검토할 필요가 있을 것이다. 물론 그 사이, 현대를 '아우라 소멸'의 시대라고 말한 벤야민의 「기술복제시대의 예술작품」[108]에까지 되돌아가서 테크놀로지와 지각양식의 변용에 대해서 생각하는 일도 아마 필수 작업이 될 것이다.

끝으로, '폭력' 전반에 대해서 포괄적으로 논한 문헌을 제

---

106) David Lyon, 河村一郎 訳, 『監視社会』, 青土社, 2002(2001).

107) Donna J. Haraway, 高橋さきの 訳, 『猿と女とサイボーグ-自然の再発明』, 青土社, 2000(1991); 다나 J. 해러웨이, 민경숙 옮김, 『유인원, 사이보그, 그리고 여자-자연의 재발명』, 동문선, 2002.

108) Walter Benjamin, 野村修編 訳, 『ボードレール 他五編』, 岩波書店, 1994, 浅井健二郎 編訳 『ベンヤミン・コレクション1』, 筑摩書房, 1995(1936); 발터 벤야민, 최성만 옮김, 『기술복제시대의 예술작품-사진의 작은 역사 외』, 길, 2007.

시하고자 한다. 현상학 · 해석학 연구회 편, 『이성과 폭력–현상학과 인간과학』[109]은 주로 철학 · 윤리학의 관점에서, 타나카 마사카즈 편, 『폭력의 문화인류학』[110]은 주로 문화인류학의 관점에서, 에하라 유미코 편, 『성 · 폭력 · 네이션』[111]은 주로 페미니즘 · 젠더연구의 관점에서, 스에키 후미히코 외 편, 『이와나미강좌 종교8: 폭력–파괴와 질서』[112]는 주로 종교학의 관점에서, 야마우치 스스무 · 카토 히로시 · 닛타 이치로 편, 『폭력–비교문명사적 고찰』[113]은 주로 법제사의 관점에서 각각 '폭력'이라는 주제에 접근하고 있다. 한편, 이 책의 문제에 비교적 가까운 문헌으로는 이마무라 히토시의 『폭력의 존재론』,[114] 이치다 요시히코 · 니부야 타카시 외, 『전쟁–사상 · 역사 · 상상력』,[115] 니시타니 오사무의 『전쟁론』,[116] 타키 코지의

---

109) 現象学 · 解釈学研究会 編, 『理性と暴力–現象学と人間科学』, 世界書院, 1997.

110) 田中雅一 編, 『暴力の文化人類学』, 京都大学学術出版会, 1998.

111) 江原由美子 編, 『性 · 暴力 · ネーション』, 勁草書房, 1998.

112) 末木文美士 ほか 編, 『岩波講座 宗教8 暴力–破壊と秩序』, 岩波書店, 2004.

113) 山内進 · 加藤博 · 新田一郎 編, 『暴力–比較文明史的考察』, 東京大学出版会, 2005.

114) 今村仁司, 『暴力のオントロギー』, 勁草書房, 1982.

115) 市田良彦 · 丹生谷貴志 ほか, 『戦争–思想 · 歴史 · 想像力』, 新曜社, 1989.

116) 西谷修, 『戦争論』, 講談社, 1998(1992).

『전쟁론』,[117] 타카하시 준이치의 『전쟁과 폭력의 계보학-닫혀진 국민=주체를 넘기 위하여』,[118] 사카이 다카시의 『폭력의 철학』,[119] 카야노 토시히토의 『국가란 무엇인가』[120] 등이 있다. 이들 문헌에는 이 책의 부족을 채우는 내용이 포함되어 있으니 아울러 참조하길 바란다.

---

117) 多木浩二, 『戦争論』, 岩波書店, 1998.

118) 高橋順一, 『戦争と暴力の系譜学-〈閉じられた国民=主体〉を超えるために』, 実践社, 2003.

119) 酒井隆史, 『暴力の哲学』, 河出書房新社, 2005; 사카이 다카시, 김은주 옮김, 『폭력의 철학』, 산눈, 2007.

120) 萱野稔人, 『国家とはなにか』, 以文社, 2005.

나오며

일찍이 마루야마 마사오는 포스트모더니즘 사상이 유행했을 즈음에 『후위의 위치에서』[121)]라는 반시대적인 표제를 내건 책을 출판했다. 그것을 모방해 말한다면 이 책은 '후위의 위치에서' 쓰인 책이다. 여기에는 최신 사상이 거의 등장하지 않는다. 주로 채택한 것은 아렌트, 슈미트, 벤야민, 호르크하이머, 아도르노 등 20세기 전반 독일어권 사상가의 텍스트이다. 더군다나 베버의 『직업으로서의 정치』와 같은 고전적 저작을 새삼스럽게 참조하고 있다. 요컨대 이 책은 한정된 기본문헌만을 단서로, 문자 그대로 '후위의 위치에서' 쓰인 것이다.

이러한 형식이 '사고 프런티어'라는 시리즈의 취지에 어울릴

121) (역주)丸山眞男,『後衛の位置から』, 未来社, 1982.

지는 모르겠다. 그렇지만 '프런티어'가 본래 개척지와 미개척지의 경계 영역을 의미하는 것이라면, 무엇이 어디까지 개척되어 있는지를 밝히는 일은 불가결한 작업일 것이다. 이 책이 한 걸음 떨어진 '후위'의 위치에서 교두보를 구축하는 것도 그 때문이다. 적어도 현재 정치철학 분야에서 상기한 사상가들의 텍스트를 다시 읽는 작업은 그야말로 최신 모델의 하나이기도 하다. 이 책 또한 그러한 시류에 편승하지만 연구동향을 좇는 스타일은 취하지 않고 또 '탈구축'과 '구성적 외부' 같은 술어도 최대한 사용하지 않으며 어디까지나 사정에 입각해 정성껏 논의를 옮기는 것에 유의했다. 우선, 여기서부터라는 출발점을 다소나마 내보일 수 있다면 필자의 의도는 일단 달성했다고 생각한다.

'폭력'이라는 터무니없이 큰 주제를 권유한 이와나미쇼텐 편집부의 사카모토 마사노리(坂本政謙) 씨에게 이 책의 집필을 일관되게 지지해준 것을 감사하고 싶다. 그렇지만 생각처럼 집필이 진행되지 않고 간행이 예상보다 너무 늦어져, 사카모토 씨에게 대단히 폐를 끼치게 되었다. 감사의 말보다 먼저 사과의 말을 해야 하겠지만 필자로서는 이 책이 사카모토 씨의 열의에 조금이나마 부응하기를 바라마지 않는다.

이 책의 원고가 완성되기까지는 몇 사람이 다양한 조언과 평가를 해주었다. 70퍼센트 정도 원고가 진행되었을 시점에 사카가미 다카시(阪上孝)를 중심으로 한 '복지국가 이후(福祉国家の後)' 연구회에서 보고할 기회를 얻었다. 더욱이 원고를 완성한 단계에서 오카와 마사히코(大川正彦) · 사키야마 마사키(崎山政毅) · 호소미 카즈유키(細見和之) 세 사람의 훌륭한 독자가 통독해주었다. 각각의 지적은 모두 시사하는 바가 많아 그에 근거하여 원고를 약간 수정했지만, 이미 거의 완성한 문장에 대폭적인 가필을 할 여유가 없어 모처럼의 비평 · 비판에 충분히 응할 수 없었다. 논평을 해주신 분들에게는 마음으로부터 감사하며 남은 과제는 다른 날을 기약하고 싶다.

물론 이 책은 이들의 직접적인 조력만으로 이루어진 것은 아니다. 특히 간사이(關西)에서 이주하여 10년 정도 호소미 카즈유키(細見和之) · 사키야마 마사키(崎山政毅) 두 분으로부터 받은 자극은 그 무엇으로도 대신하기 어렵다. 그들에게서 이시하라 요시로와 파농의 물음의 중요성을 비롯하여 실로 많은 것을 배웠다. 어쨌든 와세다 · 교토 · 고베라는 세 거리를 전전하면서 대학이라는 제도 안팎으로 많은 분들에게 받은 은혜가 없었다면, 애초에 '폭력'이라는 성가신 주제와 씨름하려는 만용조차 부리지 않았을 것이다. 여기서 한 사람 한 사람

이름을 나열하는 것은 삼가지만, 내가 신세 졌다고 생각하는 모든 분들께 진심으로 감사드리고 싶다.

이 책의 내용 대부분은 수년간 내가 근무하고 있는 학교에서 해온 강의 내용과도 일치한다. 반년 동안 13회 정도의 수업횟수에서 이 책의 후반 논의까지 충분히 파고들 여유는 거의 없었지만, "어렵지만 재미있다", "더욱더 알고 싶다"라는 목소리는 나를 대단히 격려해주었다. 이렇게 열심히 청강해준 많은 학부 학생들이야말로, 이 책에서 주된 독자로 상정하는 사람들이고 이러한 형태로 책을 쓰게 해준 사람들이다. 그들, 그녀들에게 새삼스레 감사하고 싶다. 무엇보다 내 눈앞의 학생들 모습에서 겹쳤던 것은, 이전에 학생이었던 사람들과 이제부터 학생이 되는 사람들도 포함하여, 어떠한 것이든 진지하게 사고하려고 하는 사람들이다. 이 책이 그러한 사람들에게 조금이라도 닿을 수 있는 말을 자아낼 수 있기를 진심으로 기원한다.

2006년 2월

우에노 나리토시

옮긴이의 말

나는 몇 해 전부터 부산에서 결성된 젊은 연구자들의 모임 〈해석과 판단〉에서 활동해왔다. 이 모임은 인문학을 전공하는 젊은 연구자들이 대학이라는 학연적 위계를 넘어, 학문적 소통과 교류의 장을 만들어가고 있다. 일 년 동안 공부할 테마를 정해 매달 정기적인 세미나를 진행하고, 그 결실을 공동 저작으로 출간하고 있다. 2011년부터는 '폭력'을 중심으로 공부가 진행되었는데, 나는 세미나가 진행되던 와중인 9월부터 다음해 3월까지 재팬파운데이션 연수생 자격으로 일본 오사카에서 체재하게 되었다. 나는 정기적인 세미나 불참에 대한 벌충의 일환으로 폭력과 관련된 서적들을 수집해 공부해나갔다. 이때 폭력에 관계된 전반적인 논의를 전개하고 있는 우에노 나리토시(上野成利)의 『폭력』은 내게 깊은 인상을 남겼고, 기회가 된다면 번역해 한국에 소개하고 싶다는 생각을 했다. 나는 부산으로 돌아와 멤버들에게 이러한 생각을 전하고, 동의를 이끌어낼 수 있었다.

그 이후 나는 저자에게 메일을 보내 〈해석과 판단〉의 입장을 전달했다. 우에노 선생님은 지역 그리고 젊음이 가질 수 있는 활력과 가능성의 측면에서, 당시까지 공식적 번역 경험이 없는 내게 흔쾌히 번역을 승낙하고, 이와나미쇼텐의 다키자와 레이(瀧澤麗) 씨와 연결시켜주었다. 이를 통해 〈해석과 판단〉 6집 『공존과 충돌』(산지니, 2012)에 『폭력』의 일부분인 제1장 「삶의 정치와 죽음의 정치—근대 국민국가와 폭력」을 싣게 되었다. 하지만 나는 『폭력』을 완역하여 한국에 내놓는다면, 폭력에 관계된 논의가 더욱 풍성해질 것이라 판단해서 이런 뜻을 산지니 측에 전했고, 감사하게도 강수걸 대표의 허락으로 본격적인 전체 번역에 착수할 수 있었다.

현재 우리는 노골적인 폭력적 사건들을 종종 목도한다. 이런 사건들을 목도할 때마다 우리는 사유하지 않고 분노하기 일쑤다. 하지만 이런 분노만으로는 사건이 지닌 내재적 원리에서 멀어질 뿐만 아니라, 또 다른 폭력을 야기하기도 한다. 그렇기에 폭력이 지닌 여러 층위의 원리에 대한 고찰은 사건으로부터의 회피가 아니라, 사건 속으로 들어가는 하나의 문이 될 것이다. 이런 측면을 기반으로 주체 내부에 꿈틀거리는 폭력과 주체가 살아가는 외부적 구조가 양산한 폭력의 층위를 고찰하는 『폭력』의 논의는, 오늘날 한국에서 일어나는 폭력적 사건을 이해하는 데 있어서도 많은 시사점을 제공한다. 또한 근대 국민국가라는 시스템에서 살아가는 (비)국민에게 가해지는 폭력, 글로벌한 시대에 일상적 불안을 불러오는 테러, 질서와 폭력, 이성과 폭력, 우정과 적대 등의 논의는 역사적 맥락 속에서 형성된 지금 여기의 우리의 삶을 성찰하는 데 적잖은 도움이 된다. 그리고 이러한 논의를 바탕으로 할 때라야만, 폭력 너머의 사유와 삶을 향해 나아갈 수 있을 것이라고 생각한다.

마지막으로 이 책을 한국에 번역할 수 있게 해준 분들께 감사의 인사를 전하고 싶다. 먼저 저자인 우에노 선생님과 이와나미쇼텐의 다키자와 씨, 산지니의 강수걸 대표와 편집을 맡아준 윤은미 씨를 비롯한 직원분들께 감사드린다. 그리고 곁에서 함께 공부하고 있는 〈해석과 판단〉, 〈젊은 비평가 포럼〉의 멤버들, 모교의 선생님들과 선후배들, 물심양면으로 늘 도움을 주는 친구들인 수경, 찬구, 창용에게 감사의 인사를 보낸다. 끝으로 고된 노동을 하며 살아가는 부모님과 동생에게 이 지면을 빌어 진심으로 감사하다는 말을 전하고 싶다.

2014년 1월

옮긴이 정기문

폭력

1판 1쇄 발행 2014년 3월 17일

지은이 우에노 나리토시
옮긴이 정기문
펴낸이 강수걸
편집주간 전성욱
편집 윤은미 권경옥 손수경 양아름
펴낸곳 산지니
등록 2005년 2월 7일 제14-49호
주소 부산광역시 연제구 법원남로15번길 26 위너스빌딩 203
전화 051-504-7070 | 팩스 051-507-7543
홈페이지 www.sanzinibook.com
전자우편 sanzini@sanzinibook.com
블로그 http://sanzinibook.tistory.com

ISBN 978-89-6545-241-6 03300

*책값은 뒤표지에 있습니다.
*이 도서의 국립중앙도서관 출판시도서목록(CIP)은 e-CIP 홈페이지
(http://www.nl.go.kr/ecip)에서 이용하실 수 있습니다.
(CIP제어번호: 2014006151)